성경으로 배우는
우리아이 기도문

성경으로 배우는 우리아이 기도문
-창세기편-

· 초판 1쇄 발행 2007년 9월 3일

· 지은이 홍동표/유선옥 공저
· 펴낸이 민 상 기
· 편집장 이 숙 희
· 펴낸곳 도서출판 드림북
· 등록번호 제 65 호
· 등록일자 2002. 11. 25.
· 경기도 의정부시 가능1동 639-2(1층)
· Tel (031)829-7722, Fax(031)829-7723

· 책번호 20

도서출판 드림북은 오직 하나님께 드리는 책,
또한 세상의 모든 그리스도인들에게 꿈을 줄 수 있는 책
그러한 책세상을 꿈꾸며 만들어 가겠습니다.

성경으로 배우는

우리아이 기도문

창세기 편

홍동표 / 유선옥 공저

드림북

머리말

교회 생활 중에는 성도들이 반드시 해야 하는 것들이 있습니다. 말씀 듣는 것, 찬송하는 것, 기도하는 것, 전도하는 것, 봉사하는 것 등입니다. 그런데 이 중에는 성도들이 힘들어 하고 또한 선뜻 나서지 않는 것이 있습니다. 그것은 바로 "기도"입니다.

"기도는 하나님과의 대화"입니다.

바른 기도는 바른 신앙을 소유할 수 있습니다.

바른 기도는 하나님의 뜻을 볼 수 있는 통로가 됩니다.

뿐만 아니라 기도는 믿음 생활을 실천하게 하는 능력이 있으며, 행함을 동반한 믿음으로 인해 많은 연약한 사람들이 힘과 위로를 받을 수 있게 됩니다.

이렇게 기도의 중요함을 알고 있고 오랜기간 동안 신앙생활을 하였음에도 불구하고 교회에서의 순서에 따라 연중 기도 차례가 되면 아예 교회에 출석하지 않는다든지, 한 주간 내내 어떻게, 무슨 내용으로 기도를 할까 고민하는 것이 우리들의 모습이 아닐까 생각해 봅니다. 써서 보고 할까? 아니면 외워서 할까? 고민을 하다가 끝내는 써놓고 읽고 또 읽고, 쉽게 말하면 먼저 연습하고 기도하는 것이 우리의 모습입니다.

왜 이런 기이한 현상이 있게 되는 것일까요?

이것은 마치 우리들의 자녀들이 부모와 대화를 하기 위하여 집에 한번 안 들어간다든지, 써서 보고 한다든지, 외워서 하는 것과 같습니다.

이러한 자녀를 부모님들은 어떻게 생각할까요?

기도 훈련이 부족한 결과라 할 수 있습니다.

이제까지 신앙생활을 해오면서 말씀을 연구한다든지, 말씀을 암송한다든지, 찬양을 배우는 등 다양한 훈련은 있었지만 기도의 훈련에 소홀했던 것이 사실입니다.

이에 교회생활의 현장에서 쉽게 나타나는 문제들에 대한 근본적인 해결책의 필요성을 깊이 인식하게 되었습니다.

"기도도 훈련"입니다.

어린 자녀들이 기도의 훈련을 제대로 받지 못한다면 성숙한 성도로서의 삶을 살기에 많은 착오와 낙심을 겪을 것입니다.

하나님께서 우리에게 자녀를 허락하신 분명한 목적을 실현하고자 한다면, 기도 훈련은 그야말로 모든 믿음의 부모들이 자녀에게 가르쳐야 할 필수의 과제입니다.

이 책을 활용하시면서 하나님의 뜻이 보이지 않는 내 중심의 일방적인 기도를 드리지 않기를 조심스럽게 살펴보는 계기가 되기를 소원 합니다.

특별히 말씀의 체계를 바르게 정립하고자 각 권마다 기도문을 본문에 맞추어 써 보았습니다.

말씀에 근거하고 기도에 합당한 용어들을 어려서부터 반복적으로 훈련하게 함으로, 성인이 되어서 특별한 갈등이나 어려움 없이 하나님이 원하시는 기도를 드릴 수 있게 하는 목적을 가지고 저술 했습니다.

부모님과 자녀들의 바른 기도 생활로 인하여 소금이고 빛된 사명자들을 양육하는 가정들이 되어지길 소원 합니다.

오직 능력 있는 하나님의 사람이 이 땅위에 많아지는데 작은 힘이 될 수 있는 기도문이 되기를 소원하며....

하나님께서 허락하신 장막에서
홍동표, 유선옥 공저

이 책을 효율적으로 활용하는 방법

1. 부모님이 먼저 본문을 읽어요.

가르치시는 분께서 성경의 본문을 미리 여러 차례 읽으신 후 이 책의 성경 이야기를 보시면 전체적인 내용들이 한 눈에 들어오게 됩니다.

2. 이 책의 성경 이야기를 함께 읽어요.

자녀와 함께 읽어도 좋고 부모님께서 쉽게 풀이 된 내용을 자녀들에게 이야기 형식으로 들려 주셔도 좋습니다(이야기를 하실 때는 최선을 다해 예수님의 심정으로 합니다).

3. 함께 기도해요.

글을 읽을 줄 아는 자녀는 자녀가, 읽을 줄 모르는 자녀는 부모님이 읽으며 기도합니다(기도를 따라하게 할 수도 있습니다).

이 책이 주는 유익들

① 성경 이야기를 통해 하나님께서 하신 일들을 발견하게 될 것을 확신 합니다.

② 읽은 성경을 주제로 기도함으로 말씀에 근거한 기도의 용어들을 습득하게 될 것을 확신 합니다.

③ 성경 이야기를 나눌 때 뜻밖의 일들이 생기게 되고 하나님이 함께 하심을 자녀들이 체험하는, 놀라움과 감격이 나타날 것을 확신 합니다.

창세기를 모두 읽으시게 될 부모님들은 또 다른 체험 속에서 하나님을 바라게 되고, 나의 자녀들의 변화되어지는 모습을 더욱 발견하게 될 것입니다.

성경의 맨 처음에 기록된 창세기의 본문을 통해 기도를 드리는 동안, 참 하나님이신 여호와의 위대하심을 찬양하게 될 것을 믿고 기도 드리겠습니다.

목 차

천지 창조

성경읽기 : 창세기 1장 1절 ∼ 2장 3절

성경 이야기

이 세상의 맨 처음에는 무엇이 있었을까? 너랑 나랑은 어떻게 만들어졌을까?

나무도 꽃들도 매미랑 물고기……. 참 궁금하지?

지구랑 별들……. 무지개, 그리고 잠자리도…….

성경책에 그 정답이 있단다.

성경책 맨 처음에 하나님이 이 세상을 만드셨다고 쓰여 있어. 6일 동안 빛과 물과 하늘, 그리고 새와 나무 물고기, 또 여러 종류마다 생물들을 아주 골고루 만드셨단다.

마지막으로 사람과 동물을 만드셨는데 사람은 정말 특별하게 만드셨어. 다들 하나님께서 말씀으로 명령하니까 만들어졌지만 사람만은 흙으로 만드셨지. 그리고 하나님의 마음을 닮게 하셨고, 생각도 할 수 있게, 그리고 무엇이 착하고 정직한 일인지 또 무엇이 나쁘고 안 좋은 일인지 생각하는 힘을 주신거야. 사람에게만 말이야.

참! 감사하지? 오늘은 이 세상과 나를 만드신 하나님께 정말 감사하다고 같이 기도하자.

기도해요

하나님! 이 세상을 누가 만들었을까? 많이 궁금했었는데 오늘 알게 해 주셔서 감사해요.

정말 하나님은 솜씨도 좋으세요. 거기다 정말 좋으시고요, 아름다우세요. 눈에 보이는 곳마다 하나님의 솜씨와 마음이 나타나 있어서 정말 감동했어요. 이제부터 나무와 꽃들 그리고 곤충과 벌레도 소중하게 생각 할께요.

모두 우리를 위해 만들어 주신 거니까요. 잠자리 잡아다가 날개 갖고 장난친 거 용서해 주세요. 다신 안 그럴 거예요.

내일은 내 짝꿍에게 말해 줄 거예요. 하나님에 대해서요. 그러면 그 아이도 지렁이 갖고 괴롭히는 일 안할 거예요. 우리를 지어 주심을 감사하며 예수님의 이름으로 기도 드립니다. 아멘

아담과 하와

성경읽기 : 창세기 2장 4절 ~ 25절

성경 이야기

6일 동안의 창조 중에 땅과 하늘 그리고 채소와 동물들... 해와 달과 별... 모두 만드신 이 세상에는 그것들을 다스릴 사람이 없었으므로 안개만 땅 위에 가득한 쓸쓸한 모습이었단다.

하나님께서 흙으로 사람을 만드시고, 생기를 그 코에 불어 넣으시니까, 생각하고 움직이는 생령이 되었다고 7절 말씀에 써 있어. 사람은 다른 것들과 다르게 하나님의 마음을 닮게 만드신 거야. 하나님을 사랑하고 하나님의 마음으로 하나님이 만드신 자연을 다스리도록 말이야. 아담이 대장이 된 거지. 그리고 아담이 살게 된 동산에는 생명나무와 선악을 알게 하는 나무가 있었는데, 하나님께서 선악을 알게 하는 나무의 열매는 먹지 말라 명령하셨어. 하나님이 아담에게 처음으로 하신 명령이었지. 그리고 그 명령을 지키지 않을 때는 죽을 거라고도 하셨단다.

아담이 혼자인 것을 보시고 아담의 짝궁을 만들어 주셨는데, 아담을 잠자게 하시고 아담이 잠든 후에 갈비뼈를 꺼내셔서는 하와를 만드신 거야.

하나님은 아담이랑 하와가 한 몸이라는 사실을 중요하게 생각하신 것 같아.

남자랑 여자랑 함께 살려면 서로 사랑하고 예뻐해 주면서 지내야 하잖아? 그러니까 남자랑 여자는 한 몸이고 서로 자기 몸을 아끼면서 살라고 이렇게 만드신 거 아닐까? 엄마 생각이 어때? 맞는 거 같지? 암튼 하나님은 생각 주머니가 정말로 크신가 봐, 너무 똑똑하셔!

아담이 하와를 보고는 이는 내 **뼈** 중의 **뼈**요, 살 중의 살이라고 하면서 하와를 여자라고 부르기로 했단다. 여자는 남자의 가장 소중한 부분이니까 남자도 여자도 서로 소중하게 여기면서 위해 주어야 한단다. 너도 이제부터는 여자애들이든 남자애들이든 사이좋게 지내, 우린 모두 다 아담과 하와의 자녀들이거든. 알 앗쥐? 자 ~ 멋진 하나님께 기도하자.

기도해요

하나님께서 아담과 하와를 만드신 말씀을 보면서 하나님의 마음을 생각해 보았습니다. 우리가 서로 사랑해야 하고 서로에게 힘이 되어 주어야 하는 것이 하나님의 마음이시지요? 하나님 말씀을 듣고 있을 때 자꾸자꾸 우리가 잘못한 것들이 생각이 나서 정말 속상했어요. 친구랑 싸우고 토라져서 말도 안하고 누나랑 괜히 말로 서로 약 올리고 칭찬받는 동생이 미워서 삐죽거리고……. 또……. 약 오르라고 나쁜 말 많이 한거요. 용서해 주세요. 잘못했어요. 이제는 우리가 모두 한 몸이니까 서로 보살펴 주고 아껴 줄래요. 하나님께서 원하시는 것을 알았으니까요, 그렇게 할께요. 하나님께서 우리 약한 마음들이 흔들리지 않도록 붙들어 주세요.

하나님께서 아담에게 하지 말라고 명령하신 일을 생각해 보았어요. 우리에게도 해야 할 것과 하지 말아야 할 것들이 있는 것 같아요. 잘 구별해서 행동 하도록 지혜를 주세요.

서로 사랑하고 아껴주기로 결심한 이 모든 일들이 잘 실천될 수 있게 해 주세요. 우리를 자녀로 사랑하시는 하나님께 예수님 이름으로 기도 드립니다. 아멘

뱀과 사람

성경읽기 : 창세기 3장 1절 ~ 6절

성경 이야기

우리 마음 속에 항상 착하고 예쁜 것들만 있으면 얼마나 좋을 까? 그치? 그런데 너도 나도 마음이 이랬다저랬다 하잖아, 속상 하게 말이야.

하나님이 아담과 하와에게 약속을 하나 하신 게 있었어. 에덴 동산에 생명나무랑 선악을 알게 하는 나무가 있었는데, 그 중에 서 선악을 알게 하는 나무의 열매는 먹지 말라고 말이야. 그건 하 나님의 명령이고 꼭 지켜야 하는 중요한 일이었단다. 아담이랑 하와가 그 명령을 지켰으면 얼마나 좋았겠어?

그런데 하와가 뱀이랑 친했는지 뱀이 말 하는걸 하나님 말씀보 다 더 믿은 거야. 아담도 하나님의 명령을 좀 더 깊게 생각했더라 면 정말 죽을 것이라는 그 말씀을 기억할 수 있었을 텐데 말이 야.... 아담도 하와도 결국에는 자기가 좋은 것을 택한 거지. 그래 서 하나님이 하지 말라는 것을 지키지 못했고 하나님은 화가 나셨 지? 그래서 뱀도, 아담도, 하와도 모두모두 혼났어. 아주 많 이…….

하와는 아기 낳는 고통이 더 커질 것이고, 아담은 이마에서 땀이 나게 일을 해야 살 수 있을 것이고, 뱀은 땅위를 기어 다니는 벌을 받았어. 아담하고 하와가 우리 조상이잖아. 그래서 우리 모두도 같은 벌을 받는 거란다.

하나님은 아담을 사람들의 대표자로 생각하시고 큰 복의 뿌리가 되게 하셨는데, 아담과 하와는 그걸 중요하게 생각지 못하고 결국에는 하나님과의 약속을 어겼단다. 안타까운 일이지만 우리들이라도 뱀의 유혹을 물리치지 못했을 거야. 기도하자.

기도해요

우리 마음 속에 지금도 뱀이 있네요.

자꾸만 하나님 말씀보다 하나님 말씀이 아닌 것에 신경을 쓰고, 하라 하신 말씀보다 하지 말라고 하신 일에 더 마음을 쓰고 있어요. 하나님께서 우리 속에 있는 나쁜 마음을 보게 해 주셔서 정말 고맙습니다. 보이니까 이제 물리쳐야죠? 용감하게 오늘도 승리하도록 제 마음 속에 계셔 주세요.

우리가 하나님의 마음을 갖고 살기를 원하시는 예수님 이름으로 기도 드립니다. 아멘

하나님의 사랑

성경읽기 : 창세기 3장 7절 ～ 24절

성경 이야기

아담과 하와가 하나님 말씀을 어기는 죄를 지었지만 하나님은 벌만 주시는 분은 아니셨단다. 아담이 부끄러워 나무사이에 숨어 있었을 때 아담의 이름을 불러주시고, 짐승의 가죽으로 옷을 만들어 아담과 하와의 부끄러운 곳을 가려주셨어. 그리고 에덴에 심겨져 있는 생명나무를 먹게 될까봐 에덴동산 앞을 불 칼로 막아 놓으셨지. 너무하신 것 같아 보여도 사실은 하나님의 사랑의 마음이란다. 사람이 죄를 가지고 생명나무의 열매를 먹고 영원히 살게 되는 건 큰일 날 일이거든.

우리가 죄를 미워하게 할 수 있는 마음은 오직 하나님을 마음에 간직할 때 뿐이야. 사람이 죄를 지은 그 순간부터 잠시도 하나님 없이 착한 마음을 가질 수 없게 되었단다. 기도하자, 우리 마음을 지켜달라고……

기도해요

하나님 나의 마음을 항상 하나님의 말씀을 듣는 착한 마음으로 두고 싶었는데요, 그게 많이 힘든 거라는 것을 알 것 같아요. 사실 나쁜 마음이나 착한 마음은 눈에 잘 보이지도 않고……. 그래서 내 마음을 내가 마음대로 할 때가 많거든요. 뱀이 하와에게 왔을 때 하와의 마음이 하나님의 말씀 듣는 것 보다 뱀의 말에 더 관심을 가졌던 것 때문에 큰 죄를 짓게 된 거잖아요? 조금 무섭기도 하지만 이젠 내 마음의 주인이신 하나님을 믿고 하나님께 맡기려 결심하니까 안 무서워졌어요. 꼭 우리들의 마음을 지켜주세요. 소원합니다. 예수님의 이름으로 기도 드립니다. 아멘

가인과 아벨

성경읽기 : 창세기 4장 1절 ~ 15절

성경 이야기

　엄마랑 아빠가 결혼을 해서 너희들을 낳았잖아? 아담과 하와도 아기를 낳았거든? 성경에는 두 명의 아들 이야기가 나오는데 슬프고 끔찍한 이야기란다.

　가인과 아벨은 아담과 하와의 자식이었어. 가인은 농사하는 사람이었고 아벨은 양을 기르는 일을 하는 사람이었단다. 아담과 하와의 가르침대로 늘 하나님께 예배를 드리며 살았어. 그러던 어느 날 가인도 아벨도 예배를 드렸는데, 하나님께서 가인이 드린 예배를 받아 주시지 않은 거야.

　이유는 여러 가지로 생각할 수 있지만 중요한 것은 하나님의 법대로 순종하지 않은 가인의 태도였다고 생각해. 예배는 내가 좋은 방법대로 드리는 게 아니거든? 하나님께 드리는 거니까 하나님이 기뻐하셔야 잘 드린 예배지?

　가인이 드린 예배가 하나님을 기쁘시게 못해서 하나님은 가인의 예배를 받아주지 않으셨는데 글쎄 ~ 가인은 그것 때문에 하나님께 삐치고 동생한테 미워하는 마음을 가진 거야. 그 미워하는

마음은 아벨을 돌로 쳐서 죽이게 했고 하나님은 가인을 벌 주셨단다. 하나님의 말씀에 순종하지 않은 사람의 마음에 이렇게 무서운 것들이 들어와서 동생을 미워하고 화가 난 마음을 참지 못해 살인을 하고⋯⋯.

우리의 생각에 아무리 좋고 즐거운 일이라도 하나님께서 기뻐하시는 일이 아니거나 하나님께 드려야 할 기쁨을 우리가 받거나 하는 일은 옳지 않아. 그 일로 야단을 듣게 되더라도 삐치는 행동은 자기 잘못을 인정하지 않겠다는 바르지 못한 태도이기 때문에 조심해야 해.

우리 오늘은 서로 손잡고 기도하자. 너도 엄마도 마음 속에 있는 더러운 것들을 하나님께서 물리치게 해 달라고 말이야.

함께 기도하자.

기도해요

가인이 품었던 그 마음이 제게도 있었어요. 나쁜 마음이지요. 예배를 드릴 때도 하나님을 기쁘시게 하려고 드리지 못했어요.

하나님! 지금 제 마음은 무섭고 아파요. 제 마음에 있는 나쁜 것들 때문이에요. 아담과 하와가 그랬는데 가인도 그러고⋯⋯. 진짜 죄송해요, 저 까지 이 모양이네요. 죄송⋯⋯. 해요⋯⋯.

그렇지만 감사해요. 하나님이 용서해 주시고 이해해 주셔서 감사하고, 이런 죄를 알게 하시고 나쁜 것들을 물리치는 법을 알려 주신 것도 정말 감사해요. 지금도 기도하면서 제 마음이 깨끗해진 것을 느꼈어요. 하나님 말씀과 능력으로 깨끗해진 마음을 끝까지 지킬 수 있도록 힘을 주세요.

우리도 열심을 다해 나쁜 것들과 싸울께요. 우리를 끝까지 도와 주세요. 우리를 죄에서 이끌어 주시는 예수님의 이름으로 기도 드립니다. 아멘

가인의 자손

성경 읽기 : 창세기 4장 16절 ~ 24절

성경이야기

가인이 한 일은 하나님의 노여움을 샀고 하나님은 가인에게 벌을 주셨단다. 4장 12절에 땅이 가인을 저주할 것이라고 하셨어. 가인은 너무 무서웠지. 만나는 사람들이 자기를 죽일 거라고 생각했던거야. 그러나 하나님은 가인이 죄를 짓고 벌을 받아야 하는 사람이었어도 가인을 보살펴 주신다고 약속해 주셨어. 벌을 받고 힘들게 살게 되겠지만 그렇다고 하나님이 버리신 것은 아니었던 거야.

우리는 너무 쉽게, 나쁜 일을 하는 사람들에게는 하나님이 절대로 보살펴 주시지 않을 거라고 생각하잖니? 그건 잘못된 생각이야. 가인에게 하신 하나님의 사랑은 우리의 생각이 잘못된 것이라고 증명해 주잖아.

하나님은 가인이 사람들에게 죽임을 당하지 않도록 표를 만들어 주셨단다. 그리고 16절 ~ 24절에 나타난 가인의 자손들을 보면 가인이 무사히 살아서 자손들을 번창시키고 있다는 것을 알 수 있잖니? 하나님은 우리와 생각이 많이 다르신 분이야. 기도하자.

기도해요

무서운 죄를 짓고 벌을 받아 마땅한 가인에게도 하나님의 사랑은 필요하지요. 우리들 마음 같아서는 어림도 없는 일이지만요. 누구라도 하나님의 보호하심이 없다면 불행하고 희망이 없는 삶을 살아야 할 거예요.

우리가 죄를 멀리하기 위해 애쓸 때 하나님께서 도와 주시고, 혹여 죄를 짓게 되더라도 하나님의 깊은 사랑을 잊지 말고 빨리 돌이켜 잘못을 뉘우칠 수 있도록 보살펴 주세요. 동생을 사랑하고, 누나를 사랑하고, 친구를 사랑하는 예쁜 마음은 하나님이 주시는 거니까 아주 많이 주세요. 사랑하는 마음에는 미움이 없을 거니까요. 예수님 이름으로 기도 드립니다. 아멘

아담의 자손

성경읽기 : 창세기 4장 25절 ～ 5장 31절

성경 이야기

오늘 성경에는 아담 자손의 이름이 나온다?

아담, 셋, 에노스, 게난, 마할랄렐, 야렛, 에녹, 무드셀라, 라멕, 노아……

더 많이 많이 있는데 이 사람들만 적혀 있단다.

엄마는 이 족보를 보면서 하나님의 성실하신 모습을 보았단다. 왜냐하면 족보가 멈추지 않고 이어졌다는 것은 자손들이 계속 살아왔다는 것을 말하고 있기 때문이야.

아담이나 가인이나 또 얼마나 많은 사람들이 하나님의 마음을 아프게 하고 자기들 멋대로 살았겠어? 사람은 누구라도 마음 속에 나쁜 것 들이 항상 있는데 하나님은 그런 나쁜 것들을 싫어하시잖아. 그런데도 참으시고 용서하시면서 아담의 자손들을 지켜가시는 모습에 엄마는 감동했단다.

변하지 않는 마음을 갖고 계신 하나님이 바로 우리를 지켜주시는 분이니까 얼마나 든든하니? 든든히 내 곁에 계신 하나님께 감사의 기도를 드리자꾸나.

기도해요

하나님의 마음을 조금은 알거 같아 기뻐요.

우리가 엄마랑 아빠 말 안 들을 때 혼나고 나면 사실은 많이 후회 하거든요. 그 때마다 그래도 엄마가 아빠가 옆에 계신 것이 감사 했었어요. 날 버리고 멀리 가 버리실까봐 늦게까지 잠도 못자고 지킨 때도 있었거든요. 물론 지금도 말을 잘 듣는 건 아니지만요.

하나님은 참을성도 진짜 많으시고요, 약속도 정말 잘 지키시는 분이세요. 인정해요. 그리고 하나님이 선하시고 능력이 많으신 분이셔서 진짜 흐뭇해요. 제가 그리고 우리 식구 모두 하나님을 모르는 사람들에게 말해 줄 거예요. 진짜 변함없는 친구를 찾는다면 여기 하나님을 만나보라고요. 우리의 친구 되시는 예수님의 이름으로 기도 드립니다. 아멘

인간의 악함

성경읽기 : 창세기 6장 1절 ~ 8절

성경 이야기

땅위에 사람들이 많아지면서 하나님을 믿는 사람과 믿지 않는 사람들로 나뉘어지게 되었어. 하나님을 믿는 사람들이 믿음이 없는, 하나님을 모르는 여자와 결혼을 하게 되었고 결국에는 점점 하나님께 예배하는 일과, 약한 이웃을 돕는 일들을 게을리 하고 죄를 짓고도 잘못을 깨닫지 못하는 일이 생기기 시작 했단다.

하나님은 사람들이 이렇게 악한 마음을 갖고 살기를 바라시지 않았지. 하나님께서 사람을 만드신 목적은 예배를 받으시기 위함 인데 오히려 반대되는 일들을 행하고 하나님을 배반하는 사람들을 보면서 얼마나 화가 나셨겠니?

하나님의 사람은 모든 중심이 하나님이어야 하는 거야. 생각도, 말하는 것도 하나님의 마음에 맞게 하려고 노력해야 한단다. 그런데 지금 이 사람들이 자기들 마음대로 하고 있기 때문에 죄를 더 많이 짓게 되는 거고, 약한 사람들은 계속 슬프고 속상한 일들이 생기게 되는 거야. 하나님은 사람들이 너무 나쁜 일들을 서슴치 않는 것을 보시고 사람 만드신 것을 후회 하셨단다.

그러나 노아라는 사람은 하나님의 마음에 들었다고 성경에 기록되어 있어. 이 말은 노아가 하나님의 말씀을 두려워 하고 하나님이 싫어하시는 일을 하지 않으려고 노력하고 약한 이웃을 도우면서 자기를 더럽히지 않으려고 애썼다는 말이야.

우리가 오늘 얼마나 나를 깨끗이 하려고 노력했을까?

하나님은 보고 계신단다. 언제나... 어디서나... 기도하자.

기도해요

하나님께서 우리를 만드시고 정말 기뻐하셨지요?

오늘 우리가 하나님을 기쁘시게 하는 생활을 했는지 생각해 보니까 많이 죄송해요. 우리 욕심이 하나님의 말씀을 생각나지 못하게 했고 착한 일을 하려고 애쓰기보다 나에게 좋은 일에만 더 신경을 썼어요. 잘못했어요. 용서해 주세요.

지금 사람들은 너무 바쁘게 살아요.

그래서 어쩌면 하나님을 믿는 일이 귀찮은가 봐요.

노아가 하나님의 마음에 들었다는 성경을 배우면서 그 당시 사람들과 노아가 어떻게 달랐을까? 궁금해졌어요. 지금 살고 있는 사람들도 노아 때 사람들처럼 하나님을 믿지 않고 자기들이 하고 싶은 대로 하고 살아요. 하지만 우리는 노아처럼 하나님의 마음에 맞는 사람이 되고 싶어요. 우리가 죄에 빠지지 않도록 도와 주세요.

노아가 하나님의 마음에 들었던 비결은 하나님이 노아를 사랑하셨기 때문이라고 믿어요. 우리가 하나님의 아들과 딸로써 부끄럽지 않도록 열심을 낼께요. 도와 주세요. 우리를 위해 기도하시는 예수님 이름으로 기도 드립니다. 아멘

노아와 홍수

성경읽기 : 창세기 6장 9절 ~ 22절

성경이야기

노아에게 세 아들이 있었는데 셈과 함과 야벳이었단다. 딸이 없었네? 노아가 살고 있던 시대는 나쁜 일을 하는 사람들이 많았고 죄를 지면서도 잘못을 깨닫지 못하는 때였기 때문에, 노아가 하나님의 뜻을 따랐다는 것은 노아 자신이 죄를 짓지 않으려고 열심히 노력하고, 말씀을 지키고 살려고 애를 썼다는 뜻이란다.

모든 일이 하나님의 뜻대로 이루어지는 것은 사실이지만 하나님의 뜻이 나를 통해 이루어진다는 것도 기억해야 해.

노아가 하나님의 뜻을 이루려고 노력하였고 하나님은 그런 노아에게 구원을 선물로 주셨지. 잣나무로 큰 배를 만들라 명령하시고 만드는 방법도 자세히 일러 주셨단다. 하나님의 비밀스런 계획은 노아에게 알려졌고 노아는 홍수가 나서 이 세상 모든 것들이 죽을 것이라는 말씀을 믿었어.

노아의 여덟 식구와 새와 짐승과 기어 다니는 모든 것들이 종류대로 2마리씩, 그리고 모든 생물들의 암컷과 수컷을 한 마리씩 배로 데리고 들어가 살게 해 주라고 하셨어. 그리고는 먹을 것도

종류대로 다 모아서 배 안에 쌓아두어서 노아와 짐승들의 음식이
되도록 하라고 자세히도 일러 주셨지.

　노아는 자기의 지식과 경험으로 받아들이지 못할 이 일을 믿었
고 하나님의 말씀에 순종 했단다. 참으로 대단히 존경스러운 사
람이야, 그렇지? 우리의 삶 속에 순종의 아름다운 열매가 맺히도
록 기도하자.

기도해요.

하나님의 말씀을 믿지 않는다는 것은 바로 죽음과도 같은 벌이네요. 노아의 성실함과 굳은 믿음이 노아의 식구와 많은 짐승들을 살렸잖아요? 하나님은 모든 사람들을 다 죽게 놓아두셔도 손해 볼 것이 없으실 터인데 노아에게 은혜를 주셔서 말씀이 믿어지게 하시고 순종할 수 있는 힘을 주셨어요.

우리가 주일 날, 그리고 매일매일 하나님을 찬양하며 기도하고 순간마다 하나님을 생각하게 되는 것이 정말 큰 은혜라는 것을 깨달았습니다. 그것은 바로 내가 하나님의 은혜를 받고 있다는 뜻이니까요.

감사해요. 하나님!

노아는 큰 배를 지었지만 우리는 사랑과 기쁨과 평화를 자꾸자꾸 크게 만들어서, 세상 사람들이 하나님의 사랑을 깨닫고 볼 수 있도록 해 볼께요.

노아의 큰 배가 노아의 식구와 많은 짐승을 살려 주었듯이, 우리가 행하는 일들이 하나님을 모르는 사람들에게 신호등 역할을 할 수 있도록 노력하겠습니다. 우리를 도와주세요. 예수님 이름으로 기도 드립니다. 아멘

대 홍수

성경읽기 : 창세기 7장 1절 ~ 24절

성경 이야기

노아가 600살 되었을 때 하나님은 노아에게 말씀 하셨던 것처럼 비를 내리기 시작했어.

노아의 가족 8명과 깨끗한 짐승들 7쌍과 깨끗지 않은 짐승들 1쌍씩 새와 땅위의 기는 모든 것들이 큰 배 안으로 들어가고 땅위에는 비가 내리기 시작했단다.

그 많은 짐승들을 어떻게 노아가 데려왔을까 궁금하겠지?

노아가 데려오기는 .... 하나님이 노아에게로 보내신 거지.

땅 속 샘들이 터지고 하늘의 구름들이 비를 쏟아 부었단다. 40일 동안 내리는 비 때문에 땅위의 모든 숨쉬는 것들은 다 죽었고 높은 산들도 물로 덮여 버렸지. 그래서 노아와 식구들, 그리고 짐승들을 태운 배는 150일 동안을 물위에 떠 있었어.

하나님은 지으신 세상이 더러워지자 깨끗이 쓸어버리신 거야.

이제 노아를 통해 하나님의 계획이 다시 시작되는 거지.

정말 기대된다, 그렇지 않니?

한편으로는 속상하기도 하고.... 사람들이 그 때나 지금이나 마찬가지 같아서 말이야. 죄 많은 세상 속에서 하나님의 말씀을 지키는 일이 얼마나 힘들겠어?

하나님을 믿는 일이 쉽지만은 않단다.

왜냐하면 하나님의 말씀을 지키려고 애쓰다 보면 손해도 보게 되고 하기 싫고 귀찮은 일도 해야 할 때가 많으니까 말이야. 우리가 이런 어려움들을 잘 참고 하나님께서 우리로 기뻐하실 수 있게 해 달라고 기도하자.

기도해요

3일만 계속 비가 내려도 다리도 넘치고 집으로 물이 마구 들어오는데 40일 동안 비가 왔으니 정말 무지하게 왔네요. 비가 내리고 사람들은 죽어가고 방주는 물에 뜨고...

하나님의 마음이 많이 아프셨겠지요?

방주 안에서 노아도 그랬을 거예요.

하나님은 노아를 통해 사람들을 살려두시고 하나님의 계획을 이루어 가시네요. 어떠한 것도 하나님의 일을 방해 할 수는 없다고 믿어요. 하나님이 하시는 모든 일이 선 하시니까요.

홍수 이야기를 들으면서 하나님이 얼마나 악을 미워하시는지 조금은 알 것 같아요. 말씀을 지키며 살겠어요. 예수님 이름으로 기도 드립니다. 아멘

홍수가 그치다.

성경읽기 : 창세기 8장 1절 ~ 22절

성경 이야기

홍수가 그치고 물이 온 땅을 덮고 있을 때 하나님은 노아를 생각하셨다고 성경에 쓰여 있어. 그래서 바람을 불게 하시고 물이 점점 줄어들게 하셨단다. 150일이 지나자 물이 거의 사라졌지.

방주는 둥둥 떠다니다가 아라랏 산에 멈췄어. 40일을 지나서 까마귀를 날려 보냈더니 물이 마르기까지 날아다니고 비둘기를 보내봤더니 물 때문에 있을 곳을 못 찾아 돌아왔단다. 또 7일이 지나 비둘기를 보냈어. 그 때에는 입에 감람나무 잎을 물고 왔지 뭐니? 하지만 7일 후에는 날아가서 다시는 돌아오지 않았단다. 이것은 물이 다 걷혀 비둘기가 살만한 곳이 있다는 뜻이지.

방주에서 나온 노아는 하나님께 감사의 예배를 드렸고 하나님은 기쁘게 받아 주셨지.

천지를 창조하신 이 후에 하나님은 노아와 그의 가족들, 그리고 방주 속에 있었던 짐승들을 통해 또 한번의 번성을 약속 하셨단다. 또 세상을 만드신 모든 법칙들을 정상적으로 돌아가도록 하셨지. 심고 거두고 낮에는 해가 밤에는 달이 뜨도록 하시고, 여름과 겨울과 낮과 밤이 쉬지 않게 하셨어.

하나님이 자연을 다스리지 않으시면 우린 모두 살 수가 없단다. 우리를 위해 죄를 벌하시고 자연을 다스리시는 하나님께 감사하자.

기도해요

얼마나 비가 쏟아졌으면 사람과 짐승들이 모두 죽었을까요?

내린 비만큼이나 하나님의 마음이 많이 아프셨을 것 같아요. 그 때 사람들이나 지금 사람들이나 어쩜 그렇게 똑 같을까요?

하나님을 안 믿는 것이 정말 속상해요. 지금은 그때보다 교회도 더 많고 성경도 있어서 하나님에 대해 배울 수 있는 기회가 더 많은데 말예요.

하나님! 우리가 노아처럼 하나님을 전하고 하나님의 명령을 지키는 전도자가 될래요. 노아를 지켜주셔서 열심히 방주를 짓고 하나님 명령을 순종했던 것처럼 우리도 지켜주세요. 말할 때 떨지 않게 하시고 할 말을 잊어서 머뭇거리지 않도록 도와 주세요. 노아 때 처럼 8명만 방주에 들어가는 일이 없었으면 좋겠어요.

모든 사람들이 다 함께 천국으로 들어 갈수 있게 된다면 하나님이 정말 기뻐하시겠지요? 그 일을 저희가 할께요, 힘을 주세요. 예수님의 이름으로 기도 드립니다. 아멘

약속의 무지개

성경읽기 : 창세기 9장 1절 ~ 17절

성경이야기

모두 다 죽고 없어져버린 땅위에 내려와서 노아가 처음으로 한 일은 하나님께 예배를 드린 일이었단다. 참 멋있지 않니? 노아는 하나님의 마음을 너무 잘 아는 거 같아. 왜 ~ 있잖아, 자녀들이 부모 마음을 잘 알고 부모님들이 좋아 하시는 일을 하면 칭찬 듣지, 잘 하면 선물 받지……. 용돈도 받고, 뭐 일석 삼조라고나 할까?

노아가 하나님을 사랑하니까 하나님을 기쁘시게 할 수 있었던 거야. 너무 기쁘신 하나님은 노아에게 약속을 하셨단다. 다시는 물로 심판하지 않으신다고 말이야. 그 약속의 표시가 바로 무지개란다. 아름다운 무지개! 네가 좋아하는 무지개야. 지난번 시골에 갔을 때 처음으로 무지개 봤었지? 지금은 공기가 안 좋고 자연이 많이 망가져서 무지개가 잘 안보이니까 별로 재미가 없어. 엄마 아빠가 어렸을 때는 쌍 무지개도 떴었거든? 아름다운 무지개…….

하나님은 죄를 미워하시고 우리가 하나님 말씀을 잊어버리려 할 때 야단도 치시지만 그보다 칭찬하시고 예뻐해 주는 걸 더 좋아하시는 분이야. 그래서 무지개로 약속을 하신거지. 제발 말 좀 잘 들으라고 안타까워 하시는 모습이 눈에 아른거리네.

오늘은 우리가 하나님의 아름다우신 마음을 찬양하고 약속을 잘 지키는 사람이 되겠다고 기도하자.

기도해요

세상에는 죄가 크고 하나님의 말씀을 지키기 싫어하는 사람들이 많아서, 우리들의 마음을 하나님이 지켜주시지 않으면 큰일 나겠어요. 날마다 하나님과 약속하고도 잘 잊어버리고 저녁때는 또 후회하고 그랬는데 죄송해요. 무지개를 생각하고 죄를 미워하시는 하나님과 하나님의 사랑을 잊지 않을께요.

오늘도 죄와 싸워서 이기도록 하나님께서 힘과 지혜를 주세요.

하나님의 선하신 마음을 찬양하며 예수님의 이름으로 기도 드립니다. 아멘

노아와 그의 아들들

성경읽기 : 창세기 9장 18절 ~ 29절

성경 이야기

노아에게 세 아들이 있었잖아? 셈과 함과 야벳이었지? 하나님
은 이 세 사람을 통해 온 땅에 사람들이 많아지게 하셨단다. 노아
가 농사를 짓고 포도나무를 심었어. 포도나무에서 얻은 포도주를
먹고 벌거벗은 채 잠이 들게 된 일이 있었는데, 노아의 아들 중에
함이 이 모습을 보고는 형제들에게 알린 거야. 셈과 야벳은 아버
지의 벌거벗은 몸을 보지 않으려고 뒤로 걸음을 걸어서 옷으로 아
버지 몸을 덮어 드렸지.

노아가 잠에서 깨어 이 사실을 알고는 함에게 화가 났어. 그리
고 함에게는 셈의 종이 되어 형제들 중에 가장 낮은 자가 될 것이
라고 저주를 했단다.

정말 무섭지?

엄마는 이 이야기를 읽으면서 하나님이 무엇을 알게 하시려고
하신 걸까? 하고 고민 했어. 아빠를 창피하게 했다고 이렇게 무서
운 벌을 주었을까? 그렇게 간단히 생각할 일은 아닌 것 같아.

노아가 살고 있었을 때와 지금 우리가 사는 때는 모든 것이 많

이 달랐단다. 특히 노아 시대에 노아는 그냥 평범한 할아버지가 아닌, 하나님을 대신하여 사람들에게 예배를 가르치고 그 예배를 통해 하나님과 사람을 만나게 하는 아주 중요한 일을 맡은 분이었거든?

우리는 늘 조심해야 해. 하나님의 뜻과 하나님의 뜻을 받들어 일하는 분들에게 힘을 주고 협력해야 하는데, 오히려 방해하고 비웃고 협조하지 않는 행동이나 마음은 하나님이 싫어하시는 일이니까 말이야. 함이 꼭 아버지를 망신 주었다는 단순한 일로 저주를 받았다고 생각하면 안 되는 이유를 알 것 같니? 셈은 여호와를 찬양하는 민족이 될 것이고, 야벳은 많은 땅을 가지고 셈의 후손들과 더불어 살게 될 것이라고 했단다.

홍수 후에도 노아는 350년을 더 살다가 죽었어.

많은 사람들이 세상에 퍼지게 되었지.

하나님은 아직도 세상에 죄가 남아 있음을 알고 계셨고, 하나님의 백성들이 그러한 가운데서 용감하게 믿음을 잃지 않고 하나님의 아들과 딸로 살기를 바라셨단다.

우리가 지금 살고 있는 이 세상은 어떨 것 같니?

노아가 살고 있었을 때만큼이나 더럽고 죄가 큰 세상이라고 생각해. 이런 세상에서 믿음을 지킬 수 있는 길은 오직 하나님의 은혜를 받는 일 밖에 없어. 기도하자.

기도해요

하나님을 기쁘시게 하는 일도 중요하지만 하나님이 싫어하시는 일이 무엇인지 아는 것도 중요하겠구나하는 것을 알았어요. 교회에서 장난하고 선생님 말씀 안 듣고 예배 시간 안 지키는 일이 그냥 나 한 사람만의 손해가 아니고 하나님을 믿는 많은 사람들에게도 손해를 줄 수 있다는 것을 깨달았어요.

감사해요, 하나님!

우리가 하는 일이 작은 것일지라도 그 일에 복을 주시는 하나님이 계시기에, 기적이 일어나고 죽은 자가 살아나는 건데 너무 우리의 행동을 조심하지 못했어요. 용서해 주세요.

성경을 배우다 보니 우리들의 마음이 자꾸 커지는 걸 느껴요. 보는 눈도, 생각하는 힘도, 말하는 것도 모두 자꾸 커지고 있어요. 하나님! 우리가 하나님의 작은 선교사가 되어 이렇게 좋은 하나님의 이야기들을 세상 사람들에게 전하고 싶어요. 우리에게 노아에게 주셨던 은혜를 주세요. 예수님 이름으로 기도 드립니다.

아멘

나라들이 흩어지다

성경읽기 : 창세기 10장 1절 ～ 32절

성경 이야기

노아의 홍수 후 세 명의 아들들로부터 자손들이 나왔는데 지중해 해안에 사는 사람들은 야벳의 아들들에게서 나왔고, 함의 아들인 구스에게서 나온 니므롯은 하나님 앞에서 인정받은 용사였단다. 나중에 다윗과 싸우는 골리앗의 조상인 블레셋이 바로 함의 자손이야. 야벳의 형인 셈도 자녀를 낳았는데 주로 동쪽에서 살았어. 나라가 생기고 새로운 종족이 생겨나서 세상에는 많은 사람들이 말과 땅에 따라 나뉘어 지게 되었단다.

우리나라도 오래된 역사를 가지고 있지만 어서 빨리 하나님을 잘 예배하는 나라가 되었으면 좋겠다. 기도하자.

기도해요

하나님께서 새로운 나라들이 생기도록 사람들에게 자손의 복을 주셨습니다. 여러 가지 재주를 가진 사람들이 서로를 도우며 가정을 만들어 가고 사회를 만들고 나라를 만들어 가는 가운데에 하나님께서 함께 하심에 감사를 드립니다. 아직도 하나님을 믿고 예배하는 사람들과 믿지 않고 악한 일을 서슴지 않는 사람들이 많지만, 하나님을 먼저 알게 되고 믿게 된 우리들이 해야 할 일을 성실히 감당할 수 있게 도와 주세요.

우리들이 하나님의 말씀을 지키고 착한 일을 하며 악한 일 앞에서 용감하게 맞서는 생활을 한다면 세상은 많이 행복하게 바뀔 거라고 믿어요.

우리를 강하게 만들어 주세요. 예수님 이름으로 기도 드립니다. 아멘

바벨탑 이야기

성경읽기 : 창세기 11장 1절 ~ 9절

성경 이야기

사람들이 많아지면서 여기저기 옮겨 다니기도 하다가 동방의 시날 평지에 모여 살 때에 탑을 쌓기 시작했단다. 하나님을 사랑하고 말씀을 잘 배우고 지키는 일을 싫어하다 보면 반대로 죄를 짓는 일에 더 열심을 내게 되는 게 사람이란다.

사람들이 모여 벽돌을 굽고 그 벽돌로 높은 탑을 쌓은 것은 하나님으로부터 벗어나려고 하는 마음과 하나님의 능력을 가볍게 생각한 어리석은 행동이야. 하나님은 어리석은 사람들의 말이 하나이었던 것을 흩어 놓으시고 더 이상 탑을 쌓지 못하게 하셨지. 자주 우리들의 마음 속에 하나님이 보이지 않으니까 이런 바벨탑을 쌓고 싶은 생각이 든단다.

하나님의 생각과 우리의 생각이 많이 다를 수 있다는 것을 알아야 해. 감히 하나님과 맞선다는 것은 정말 어리석은 일이야. 우리가 쉽게 죄를 짓게 되는 원인 중에 하나가 하나님을 무시할 때란다. 아차 하는 순간에 우리 마음 속에 내가 제일이라는 생각과 나만 잘 살면 된다는 생각을 하게 되지. 그 때가 바로 하나님을 무시하고 내가 우선이 되어 버리는 거야.

사람은 누구라도 하나님 보다 앞서게 되면 불행해진단다.

왜냐하면 사람의 주인은 하나님이시기 때문이지. 기도하자.

기도해요

우리 동네에도 사람들이 많이 살고 있는데요, 하나님을 믿는 사람들은 많지 않아요. 교회가 많아져서 하나님에 대해 듣고 볼 기회가 많은 것 같은데 믿는 사람들은 거의 없어요. 속상해요. 솔직히 바벨탑을 쌓은 사람들의 마음이 지금도 우리 속에 있는 거 알아요.

하나님께서 사람들의 말을 서로 알아듣지 못하게 하셨지요, 정말 답답했을 거예요. 하나님은 정말 능력이 많으신 분인데 사람들은 그걸 몰라요.

우리가 숨어서 몰래몰래 무슨 일을 해도 하나님을 속일 수 없다는 것을 알았어요. 하나님을 더 많이 사랑하는 우리 식구가 되도록 노력 할께요.

항상 우리가 하나님의 자녀라는 것을 잊지 않도록 도와 주세요.

우리가 하나님보다 우리들의 재주나 부자인 것을 믿고 하나님의 능력을 시험하는 어리석은 일을 하지 않도록 지켜 주세요. 예수님의 이름으로 기도 드립니다. 아멘

셈의 자손, 데라의 자손

성경읽기 : 창세기 11장 10절 ~ 32절

성경 이야기

홍수가 끝난 지 2년이 흘렀을 때 노아의 아들인 셈은 100세에 아르박삿을 낳았어. 아르박삿의 자손 중에 스룩이라는 사람이 나홀을 낳았고 나홀이 29살 때에 이제부터 배울 믿음의 조상, 아브라함의 아버지인 데라를 낳았단다. 이제 하나님은 데라의 아들인 아브라함을 통해 하나님의 일들을 이루어 가실 거야.

노아의 아들들을 지켜 주시고 계속해서 자녀를 낳을 수 있게 하신 것도, 모두 하나님의 위대한 계획의 일부분이라는 것을 기억해 두고, 지금의 우리에게 계획하신 일을 이루어 가시는 하나님을 믿고 오늘 하루도 열심히 살게 해 달라고 기도하자.

기도해요

시간은 자꾸 흘러가고 다시는 그 시간이 돌아오지 않는다고 생각하니 지금 이 순간이 정말 귀하네요. 수많은 시간들이 지나갔어도 하나님께는 모두 다 철저한 계획 속에서 움직여진 순간들이 었네요.

하나님께서 우리에게 주신 금과같이 소중한 시간들임을 알게 되었습니다. 나라와 민족이 생겨나고 서로 다른 말과 문화가 생겨나고 태어나고 죽는 수많은 사건들 속에서도, 하나님은 여전히 하나님의 백성들을 보호하시고 이끌어 가시는 모습을 깨닫게 되었어요. 셈의 자손에게 복을 주시고 악한 것들 속에서 구해주시며, 믿음의 조상인 아브라함을 태어나게 하시는 일을 보면서 찬양과 영광을 드립니다. 받아 주세요. 그 자손들 중에 우리를 택하시고 지켜주신 것도 감사합니다.

하나님의 자녀로 선택 받은 일에 감격하며 바르게 살기를 소원하오니 우리에게 믿음을 주세요. 예수님 이름으로 기도 드립니다. 아멘

복의 근원이 된 아브람

성경읽기 : 창세기 12장 1절 ~ 9절

성경 이야기

홍수가 지나고 시간은 자꾸 흘러갔고 하나님은 사람들이 죄를 짓고 나쁜 짓을 했어도 용서하시고 아담과 하신 약속을 계속 지키셨단다.

이러는 중에 하나님께서 아브람에게 나타나셔서 "네 나라와 네 친척과 네 아버지의 집을 떠나 내가 너에게 보여줄 땅으로 가라고" 말씀하셨단다. 그리고는 "너를 큰 나라로 만들어 주고 복을 주어 이름을 빛나게 할 것이며 너를 저주하는 사람을 내가 저주하며 땅 위의 모든 백성이 너를 통해 복을 얻을 것"이라고 말씀하셨지. 이러한 하나님의 말씀을 들은 아브람은 아마도 많은 고민을 하였을 거야. 친척을 떠나야 하는 것 때문에 고민했을 것이고, 아버지를 떠나라는 것 때문에 많이 슬펐을 거야.

그리고 땅을 미리 보여주지도 않고 떠나라고 했으니 아브람은 결정하기가 몹시 힘들었을 거야. 만약 아브람에게 말씀하셨던 것처럼 지금 우리에게 말씀하셨다면 우리는 친척을 떠날 수 없다고, 아버지를 떠날 수 없다고, 또 보지 못하고 알지 못한 땅으로 갈 수 없다고 했을 거야. 그렇지 않니?

그러나 하나님께서는 아브라함에게 하나님의 말씀에 따르도록 만드셨고 마침내 고향을 떠날 수 있도록 하셨지 뭐니. 아브람에게 안 떠나려는 많은 이유들이 있었지만 따르도록 하셨던 거야. 바로 우리가 믿는 하나님께서 그렇게 하도록 하셨던 거지. 내가 할 수 없었을 때도, 내가 하지 못하는 이유들이 많이 있을 때도, 마침내 하나님의 말씀을 따르도록 하시는 분이란다. 그러니까 우리는 하나님의 말씀을 의심하거나, 자기만 생각을 하는 것 때문에 하나님의 말씀을 빨리 지키지 않는 실수를 해서는 안 되는 거야. 하나님께서 우리에게 말씀 하셨다면 아브람에게 하신 하나님의 모습을 생각하며 의심 없이 하나님의 일을 열심히 하려고 노력해야 하는 것이란다. 기도하자.

기도해요

하나님의 자녀가 된 것을 감사 드려요.

텔레비전을 보는 것 때문에, 게임을 하는 것 때문에, 친구들과 노는 것 때문에..... 하나님의 말씀을 지키지 못하게 하고 지금도 지키지 못하도록 하는 것들이 많이 있지만, 엄마와 함께 성경을 읽고 하나님의 음성을 듣게 하시고 함께 기도하게 하셔서 감사해요.

늘 하나님의 말씀을 읽으며 예배하고, 기도하고, 찬송하는 일에 게으름을 피우지 않는 사람이 되게 해 주세요. 그래서 아브람처럼 하나님의 복을 받는 사람이 되게 해 주세요. 예수님의 이름으로 기도 드립니다. 아멘

아브람이 애굽으로 내려가다

성경읽기 : 창세기 12장 10절 ~ 20절

성경 이야기

아브람이 살던 곳에 비가 오지 않아 살기가 힘들어지자 아브람은 애굽으로 내려가게 되었어. 그 때 아브람이 아내인 사래에게 애굽 사람에게는 사래가 아내가 아니고 누이라고 말하라고 했어. 왜냐하면 사래가 너무 예쁘니까 남편인 자기를 죽이고 사래를 빼앗아 갈까봐 그런 거야. 아니나 다를까 애굽 사람들이 하도 사래 얘기를 하니까 애굽 임금이 사래를 궁궐로 데려오게 한거야. 아브람이 오빠라고 하니까 이것저것 선물도 주면서 사래랑 결혼 하려고 하는 것이 아니겠니?

하나님이 절대 가만히 계실 리 없지, 왜냐? 아브람의 자손으로 하늘의 별과 같이 바다의 모래같이 많아지게 하실 건대 사래를 다른 사람 아내로 보내는 건 안 되는 일이잖아?

애굽에 재앙을 내리시면서 애굽 왕에게 겁을 주셨지.

애굽 왕은 놀라서 아브람에게 사래를 데리고 빨리 떠나라고 했단다. 하나님은 위급한 상황에서 제 때 도와주셨지. 큰일 날 뻔 했잖아?

애굽에서 가축이나 재산은 많이 얻어 나왔지만 아브람도 사래도 느낀 점이 많았을 거야.
잘못은 했어도 하나님은 아
브람과 사래를 지켜 주셨어.
감사기도 드리자.

기도해요

아브람이 기근으로 인해 애굽에 내려가서 좋지 못한 일을 겪었
지만 하나님의 은혜로 다행히 잘 해결되어서 감사해요. 우리도
우리의 계획하고 다르게 어려움을 만나게 될 때가 있었어요. 앞
으로도 그러겠지요? 하나님께서 아브람을 지키시는 모습을 보면
서 안심하고 또 감사했어요.

우리는 어리석어서 실수를 너무 많이 해요.

알면서도 하고 몰라서도 하고... 그래요.

하나님이 계속 곁에 계신다는 사실은 정말 큰 위로가 되네요.
우리를 보호해 주시는 하나님 감사합니다. 예수님 이름으로 기도
드립니다. 아멘

아브람과 롯

성경읽기 : 창세기 13장 1절 ~ 18절

성경 이야기

아브람에게 조카가 있었는데 지난번에 아브라함 아버지는 데라, 그리고 데라의 아들이 세 명이라고 말해 주었었지? 생각나니? 나홀과 하란과 아브라함이었어. 그중에 하란의 아들이 롯인데 이 사람이 아브람의 조카야.

아브람은 조카인 롯과 함께 사이좋게 서로 사랑하며 살았단다. 열심히 살다보니 서로 부자가 되어서 식구들도 많아지고 점점 살림이 늘어났지 뭐니? 그러나 좋은 일만 있진 않았나 봐. 같이 사는 사람들끼리 서로 싸움이 일어났고 서로 싸우니까 아브람과 롯의 마음이 불편했겠지. 그래서 아브람은 롯과 헤어져 살기로 했단다.

아브람은 롯에게 먼저 이사 갈 곳을 정하도록 마음을 너그럽게 가졌단다. 착하기도 하지? ㅋㅋ

롯은 소돔과 고모라를 택해 떠났고 아브람은 가나안에서 헤브론으로 옮겨가서 살았단다. 하나님은 이 곳에서도 아브람에게 약속하신 것들을 다시 확인 시켜 주셨단다. 아브람의 자손을 번성

하게 해 주신다는 약속 말이야.

하나님은 우리의 약함을 너무 잘 아시는 것 같아. 자주 약속을 다시 알려주시고 또 기억하게 해서 실망하거나 포기하지 않게 하시니까 자상도 하시지.

살다보면 이렇게 해야 하나? 저렇게 해야 하나? 결정해야 할 때가 있단다. 잘못하면 손해도 볼 수 있지. 손해 본다고 다 나쁜 것은 아닌 것 같아. 친구나 이웃을 먼저 생각하는 마음은 아름다운 거니까 하나님을 믿는 사람들이 가져야 할 마음이라고 생각해.

아브람에게 이런 아름다운 마음이 있었어. 아름다운 마음을 가진 사람들이 많을 수록 재미있고 살기 좋은 세상이 될 텐데……. 우리도 이런 사람이 되도록 노력하자. 기도하자.

기도해요

함께 살다보면 원치 않게 오해도 생기고 서로 속상한 일들이 일어나는데 그때마다 좋은 방법을 몰라서 난처할 때가 많아요. 아브람은 지혜롭게 일을 처리해서 조카와 서먹한 일 없이 잘 해결한 것 같아요. 아브람이 손해를 본 것 같긴 하지만요.

하나님!

우리도 조금씩 양보하고 남을 나보다 먼저 생각하는 마음을 갖고 살래요. 우리 마음을 지켜주세요. 우리로 인해 재미있고 행복한 일들이 많아지도록 노력 할께요. 그렇게 되면 비록 부자는 못

되더라도 마음은 행복하죠. 마음의 행복은 금이나 돈으로 살 수 없으니까요. 이렇게 귀한 비밀을 알게 해 주신 하나님, 감사합니다.

예수님 이름으로 기도 드립니다. 아멘

롯이 사로 잡히다

성경읽기 : 창세기 14장 1절 ~ 13절

성경 이야기

아브람과 롯이 서로 헤어져 살고 있었을 때 시날, 엘라살, 엘람, 고임이라는 나라가 소돔, 고모라, 아드마, 스보임, 소알이라는 나라와 전쟁을 하게 되었어. 서로 싸우는 중에 소돔과 고모라가 졌지 뭐니? 그래서 그 곳에 살고 있던 아브람의 조카 롯이 잡혀 갔단다. 이 사실을 전쟁 중에 도망을 나온 히브리 사람이 아브람에게 알려 주었어. 아브람은 그 때 아모리 사람 마므레 가까이에서 살고 있었는데 마므레는 에스골과 아넬과 함께 아브람과 친하게 지낸 사이였단다. 어쩌니? 조카가 잡혀 갔다니 아브람이 많이 걱정하겠구나. 어려운 일은 예고 없이 나타나니까 우리에게 늘 하나님이 함께 하신다는 것이 얼마나 큰 복이야? 우리를 언제나 지켜주시는 하나님께 감사기도 드리자.

기도해요

아브람의 조카 롯이 당한 일이 우리에게도 일어날 수 있겠지요.

어렵고 슬픈 일들을 겪지 않았으면 정말 좋겠지만 그럴 수는 없겠지요. 우리에게 하나님이 함께 계시기를 소원하고 감사하는 것도 우리를 보호하시고 지키시는 예수님의 사랑 때문이지요.

기쁜 일이나 슬픈 일이나 언제나 변하지 않는 마음을 갖게 해주세요. 여러 사람들과 사이좋게 지내고 날마다 열심히 자기의 할 일들을 최선을 다해 이루어드리는 하나님의 사람들이 되게 해주세요. 예수님 이름으로 기도 드립니다. 아멘

아브람이 롯을 구하다

성경읽기 : 창세기 14장 14절 ～ 24절

성경 이야기

조카가 잡혀갔다는 소식을 들은 아브람은 자기가 훈련시킨 군사 318명을 이끌고 롯을 구하러 갔단다. 롯을 구하고 **빼앗겼던** 물건들도 모두 찾아왔지. 함께 잡혀간 다른 사람들도 구해 주었고 그돌라오멜과 다른 왕들도 모두 물리치고 돌아오게 되었어. 아브람이 돌아올 때에 소돔 왕이 아브람을 맞으러 나왔고 살렘왕인 멜기세덱도 나왔단다.

멜기세덱은 가장 높으신 하나님의 제사장이었는데 아브람에게 복을 빌어 주었고 아브람은 가지고 있던 것의 십분의 일을 드렸어. 소돔왕은 너무 고마워서 아브람에게 자기 백성들만 돌려주고 나머지 재물들은 다 가져가라고 했지만 아브람은 그렇게 하지 않았지. 다만 함께 전쟁터에 나가 아브람을 도왔던 아넬, 에스골, 마므레의 몫은 그들에게 주라고 부탁했단다.

아브람은 정말 신사 중에 신사야, 멋지지 않니?

아브람을 도와 준 친구들도 정말 고맙고...

우리 곁에도 그런 멋진 친구가 있다면 든든 할거야, 그렇지?

예수님은 우리의 든든한 친구가 되신단다. 언제나 우리를 좋은 것으로 채워주시는 하나님이시잖아. 조카를 구하고 여러 사람들에게 인정을 베푼 아브람을 보면서 하나님의 사랑과 정의로움을 보게 되었어. 우리에게도 이런 모습들이 마구 풍겨나야 할 텐데…

기도하자.

기도해요

어려운 일을 당했을 때 도와주고 대신 싸워 줄 사람이 있다는 것은 정말 감사한 일이지요? 우리 곁에 부모님을 주시고 선생님과 친구들을 주신 하나님께 감사 드립니다.

아브람에게 정의로운 마음을 주시고 싸워서 이길 능력도 주신 것은 약한 사람들을 도우라하시는 하나님의 마음이 담겨 있음을 깨달았습니다. 아브람은 믿음으로 그 일을 실천했고 많은 사람들의 목숨을 구했지요. 우리가 하나님의 말씀대로 살게 된다면 이 세상은 정말 환해질 거예요. 모두 다 행복하게 살 길을 찾아 노력하고 애써 본다면 그래서 아브람 같은 믿음의 사람들이 많아진다면 하나님이 얼마나 기뻐하실까요? 우리가 이 일을 해 낼 수 있도록 도와 주세요. 아브람처럼 이웃에게도 하나님께도 칭찬받는 사람으로 클 수 있도록 지혜와 용기를 주세요. 예수님 이름으로 기도 드립니다. 아멘

하나님의 약속과 약속의 징표

성경읽기 : 창세기 15장 1절 ~ 21절

성경 이야기

아브람은 나이는 들고 자식은 없고 아내는 늙어 아기를 낳을 수 없으니 큰 걱정이었어. 하나님이 주신다고 하신 복을 어떤 방법으로 주실련지 궁금하기도 하고 말이야. 아브람이 하나님으로부터 약속을 받은 건 사실 오래 전이었고, 시간은 자꾸 가고, 하나님을 믿고자 하는 마음이 약해지려 할 그 때에 하나님은 다시 아브람에게 나타나셔서 약속을 기억나게 하셨단다.

아브람은 하나님께 약속을 믿을 수 있는 표시를 보여 달라고 했어. 하나님은 아브라함의 말대로 표시를 보여 주셨단다. 약속이 눈에 보이지 않아 답답해진 아브람의 마음을 아신 하나님은, 아주 먼 훗날에 이스라엘 백성들이 받아야 할 고난을 미리 말씀해 주시면서 언약을 맺으셨지. 하나님이 주시마고 하신 땅을 말씀하시고, 아브람이 준비한 고기 사이로 불을 지나게 하시면서 약속의 징표를 보여 주셨단다.

우리도 기도하면서 우리가 믿었던 일들이 늦어지거나 이루어지지 않을 때 답답해 하고 하나님의 말씀을 의심하게 되지. 하나님은 그럴 때에라도 참고 더 기다리기를 원하신단다. 왜냐하면 그 때와 시간은 하나님께서 우리에게 가장 좋은 것으로 정하시기 때문이야.

우리는 모든 것의 주인이신 하나님의 능력을 믿고 하루하루를 열심히 살면 된단다. 약속을 지키시는 하나님께 기도하자.

기도해요

하나님! 우리가 얼마나 약한 사람들인지 조금은 알 것 같아요.

왜냐하면요, 정말로 참을성이 없어요. 우리가 너무 의심이 많고 기다리는 일을 잘 못하는 것 같아요. 아브람과 비교하면 창피해요. 아브라함이 답답해서 하나님께 징표를 보여 달라고 한 건 이해해요. 우리도 자주 그런 생각이 들어요. 하나님이 약속의 표시를 날마다 해 주신다면 정말 염려 없이 살 것 같아요. 하지만 하나님은 우리가 눈에 보이지 않아도 믿고 기다리는 걸 바라시죠? 그게 바로 믿음이니까요. 다 보여주고 믿으라면 누가 안 믿겠어요?

하나님은 약속을 꼭 지키시는 분이고 우리에게 필요한 시간이나 물건이나 사람이나 모두 다 잘 아시는 분임을 믿습니다. 기도하고 전도하고 말씀보고 말씀대로 사는 일에 게으르지 않도록 도와 주세요. 예수님의 이름으로 기도 드립니다. 아멘

이스마엘이 태어남

성경읽기 : 창세기 16장 1절 ~ 16절

성경 이야기

약속을 받은 지 10년의 세월이 흘러도 아브람에게는 아기가 없었단다. 아브람은 아내의 몸종인 하갈에게서 아들을 얻었고 이일 때문에 아브람의 집에 다툼이 일어났어. 사라와 하갈이 싸움을 하는 거야. 집 안에서 싸우는 일이 많으면 그건 슬픈 일이야. 너도 엄마 아빠, 그리고 누나들이 자주 싸운다고 생각해봐. 속상한 일이지? 끝내는 아기를 갖게 된 하갈이 집에서 도망갔어. 갈곳이 없어 울고 있는 하갈에게 하나님은 찾아 가셨단다.

하나님은 하갈과 뱃속의 아기를 모른 척 하지 않으셨어.

천사를 보내셔서 위로해 주시고 자손도 수없이 많아질 거라고하셨지. 하나님을 믿는 사람들도, 믿지 않는 사람들도 모두 하나님의 은혜를 받고 살아간다는 것을 잊지 말자. 하나님은 모든 사람들과 자연을 복 주시고 잘 살기를 바라시는데 우리는 내편이니네 편이니 하면서 편을 나누잖아. 편으로 나뉘어 지면 그 때부터싸움이 나고 미워하는 마음이 자꾸 커지니까 사랑하는 사람들을다치게 해. 나쁜 거지? 편 가르는 거 하지 말도록 해. 좋으신 우리 하나님의 마음을 닮게 해 달라고 기도하자.

기도해요

사라는 하갈이 많이 미웠을 거예요. 하갈이 먼저 아기를 가져서 속상도 했겠지요. 우리도 식구들이나 친구들 사이에서 미운 마음을 가질 때 많았어요. 시기심이기도 하고 정말 억울해서 이기도 하고요. 하지만 오늘 성경에서 하나님의 하신 일을 배울 때 우리가 잘못한 일들이 생각났습니다. 우리의 마음 속에 하나님의 마음인 사랑이 부족했고 다른 사람의 마음을 헤아려보는 이해심이 많이 부족했어요. 하나님은 하갈과 이스마엘에게도 사랑을 나누어 주셨는걸요. 하나님을 알면 알수록 정말 창피하고 죄송해요.

하나님은 우리 마음을 청소하는 능력을 가지신 분이세요. 부족하지만 우리도 하나님의 마음을 심어주는 작은 청소부가 되고 싶어요. 우리의 마음을 지켜주시는 하나님께 예수님 이름으로 기도드립니다. 아멘

아브람이 아브라함으로

성경읽기 : 창세기 17장 1절 ~ 7절

성경 이야기

원래 아브라함의 이름은 아브람이었단다. 오늘 성경에는 아브람의 이름이 아브라함으로 바뀌는 이야기가 적혀 있단다. 아브라함의 나이 99세 때 하나님은 아브라함에게 이름을 바꾸라 하시고 전에 약속하셨던 것들을 다시 확인시켜 주셨지.

우리는 자주 하나님이 우리 곁에 계시는 것을 잊고 사는 것 같아. 아브라함에게 여러 번 약속을 확인시키시는 하나님의 마음을 엄마는 알 것 같아. 사람들은 누구나 기다리고 노력하고 참는 걸 잘 못하니까 하나님이 찾아 오셔서 기억나게 하시지 않으면 잊어버리고 실망하고 포기하잖아…….

아브라함도 그냥 약속된 날까지 하나님이 찾아와주시지 않았다면 벌써 포기하고 하나님 믿는 것도 그만하고 멋대로 살았을 거야. 지금 우리에게도 하나님이 자주 찾아오시고 약속한거 잊지 않게 하신다는 게 믿어지니? 엄마를 통해서, 친구나 누나들을 통해서, 그리고 무엇보다도 예배시간에 하나님의 말씀을 통해서, 얼마나 많은 일들을 말씀하시는지 잘 생각해 봐.

이제 아브람을 아브라함이라고 바꿔 주시면서 왕들이 아브라함에게서 난다고 하셨단다. 더군다나 영원히 아브라함을 지켜주는 하나님이 된다고 하셨어. 아브라함은 바뀐 자신의 이름이 불려질 때마다 하나님을 생각하고 다시 힘을 얻을 거고 하나님과의 약속을 의심하지 않게 된 거지. 이 참에 우리도 확 바꿔버려? 이름 말야……. 농담이야. 기도하자.

기도해요

지금까지 하나님의 자상하신 모습을 느꼈어요. 감사해요. 이 모양 저 모양으로 우리들을 돌보시는 하나님의 모습에 감동했어요. 아주 먼 옛날 아브라함의 이야기인 것 같은데 자꾸 우리들의 이야기인 것 같아 신기하기도 하구요.

우리는 이제껏 아브라함이 믿음이 좋아서 하나님이 그를 택하신 줄로 알았는데 믿음의 조상 아브라함을 만드신 분은 하나님이시네요. 축하해 주세요. 이런 놀라운 사실을 알게 된 건 굉장한 복이니까요. 우리는 하나님께 축하해 드릴께요. 감사로요.

우리가 하나님의 자랑스러운 자녀로 살아갈 수 있도록 하나님이 도와 주세요. 예수님 이름으로 기도 드립니다. 아멘

약속의 아들 이삭

성경읽기 : 창세기 17장 15절 ～ 22절

성경 이야기

아브람을 아브라함으로 고쳐주신 하나님께서 아브라함의 아내인 사래의 이름도 사라로 바꾸어 주셨어. 하나님께서 사라에게 복을 주셔서 모든 백성들의 어미가 되게 하실 것이고 아들을 낳게 해 주실 것을 약속하셨단다. 나라의 왕들이 사라의 몸에서 나올 것이라고도 하셨지. 그런데 아브라함은 엎드려 웃었어. 너무 어이가 없었던 거야. 왜냐하면 아브라함의 나이가 100살이나 되었으니 자기가 아들을 낳을 수 있다는 생각을 할 수 없었지. 그동안 하나님은 아브라함에게 수없이 확인 시켜주셨잖아. 복을 주겠다, 네게 자손을 하늘의 별과 같이 많게 하겠다하시면서 말이야. 그래도 아브라함이 믿기에는 힘든 일이었나 봐. 하나님은 믿지 못하는 아브라함에게 앞으로 낳을 아기의 이름까지 알려 주셨단다. 아기의 이름은 이삭이라 지어주고 아브라함과 세운 언약을 이삭에게도 세울 것이고 그 언약은 영원할 것이라고 약속 하셨어.

하갈이 낳은 이스마엘도 큰 지도자 12명의 아비가 되고 큰 나라를 세울 것이지만 하나님은 이삭과 언약을 맺으시겠다고 하셨단다. 우리는 우리가 생각하는 기준으로 모든 일을 결정하지만 하나님은 우리의 생각과 많이 다르시기 때문에 때로는 이해하지 못하는 일들도 있어. 하지만 하나님이 하시는 모든 일은 너무 완벽하시고 선하시기 때문에 안심하고 믿어도 된단다.

시간이 많이 흘러서 아브라함이 낙심할 수도 있고 믿지 못할 수도 있었겠지만, 그럴 때마다 하나님은 다시 일으키시고 위로해 주시고 힘을 주셨잖아? 지금 우리에게도 그렇게 하신다는 사실을 믿고 감사해야지. 기도하자.

기도해요

주일날은 예배를 드리고, 찬양을 하고, 말씀을 들으니까 하나님이 내 곁에 계시구나... 감사하다....나쁜 생각 하지 말아야지... 하는데 학교에 가서나 친구들이랑 지낼 때는 하나님을 잊고 있을 때가 많았어요. 죄송해요, 하나님.

아브라함에게 자주 찾아오셔서 내가 너를 많은 사람들의 조상으로 만들어 주겠다고 말씀하신 하나님의 사랑을 깨달았어요. 우리에게도 자주 오셔서 말씀하셨지요. 순간마다 하나님은 말씀하셨는데 믿지 못하고 슬퍼하고 실망한 것은 우리가 너무 작은 믿음을 가졌기 때문이에요.

하나님 앞에서는 정말 너무 작은 우리의 모습에 창피하고 죄송하지만, 우리를 위해 십자가에서 아들을 죽게 하신 사랑을 힘입어 용기를 낼께요. 우리를 통한 하나님의 계획을 기대하며 오늘도 열심히 공부하고, 부모님께 친구들에게 효도하고, 도와주는 사람이 되도록 노력 할께요. 우리 곁에서 힘을 주세요. 예수님 이름으로 기도 드립니다. 아멘

할례 받은 아브라함

성경읽기 : 창세기 17장 23절 ~ 27절

성경 이야기

하나님을 믿는 사람들은 생각하는 것이나 행동하는 것이 하나님을 믿지 않는 사람들과는 차이가 날거야. 왜냐하면 하나님을 믿는다는 것은 내가 하고 싶은 대로 하지 않고 하나님의 말씀대로 하겠다는 것이기 때문이야.

교회를 다니는 사람에게서 하나님의 사랑이나 섬기는 모습이 보이지 않는다면 오히려 흉이 될 거니까 우리도 늘 마음을 써야 해. 아브라함에게는 하나님의 자녀라는 표시로 할례를 시키셨는데 그건 어른이 하기에는 조금 창피했을 거야. 그래도 아브라함은 식구들과 데리고 있는 모든 종들과 할 수 있는 대로 많은 사람들에게 할례를 시켰단다. 이제 아브라함은 몸 속에 하나님의 자녀라는 표시를 갖게 되었지. 우리는 자주 우리의 할 일이나 또 하지 말아야 할 일들을 잊고 살아. 우리 마음이 우리 것인 것 같아도 우리 것이 아니란다. 내 마음대로 생각하고 행동할 수 없을 때가 많다는 얘기야.

할례는 아브라함에게 늘 자신이 하나님의 자녀라는 것을 깨달게 해 주는 신호등과 같은 거였다고 생각해. 우리에게는 하나님의 말씀이 있어서 내 마음에 성령님이 신호를 보내시잖아. 지금은 아브라함 때처럼 할례를 받지는 않지만 마음에 할례를 받았다고 믿고 말씀을 늘 기억하도록 노력해야겠지?

기도해요

교회에서만 하나님 생각이 나고 집이나 학교에서는 하나님을 잊고 생활할 때가 많았어요. 하나님은 어디서나 우리의 하는 모든 행동을 보고 계시는데 말예요. 마음에 할례를 받은 사람은 항상 하나님 말씀이 생각나고 그래서 죄를 짓고 싶어도 조심하게 되겠지요? 아브라함 때처럼 할례를 받지 않아도 되는 건 다행인 것 같아요. 조금 무서워서요.

우리가 있는 곳은 어디서라도 하나님의 향기가 풍겨나도록 노력 할께요. 하나님의 사랑이 얼마나 큰지 사람들에게 보여주도록 노력할거예요. 많은 사람들이 하나님을 믿으면서도 마음에 할례를 받지 못했다면 그건 슬픈 일이잖아요? 마음에 할례 받은 사람들이 많아지도록 우리나라 목사님들께 능력을 주세요. 설교 말씀하실 때 힘 있게 전하실 수 있도록 하나님이 도와 주세요. 예수님 이름으로 기도 드립니다. 아멘

세 천사

성경읽기 : 창세기 18장 1절 ~ 8절

성경 이야기

아주 더운 한 낮에 하나님이 아브라함을 다시 찾아 오셨어. 아브라함은 얼른 일어나 정성껏 대접을 해 드렸지. 발 씻을 물도 준비하고 하인들에게 음식 준비도 시키고 편히 쉬시라고 자리도 만들어 드렸단다. 아브라함이 손수 송아지도 끌어다가 음식 하는 곳에 주기도 하고 말이야. 하나님을 대접해 드리는 모습이 정말 아름답지 않니? 세 명의 천사의 모습으로 아브라함을 찾아온 하나님의 마음이 얼마나 기쁘셨을까?

우리가 하나님을 찾기 전에 늘 먼저 찾아오신다는 사실이 참 감사하다.

아브라함에게 하신 일을 보면 정말 든든하지 않니? 우리가 드리는 예배가 아브라함의 정성어린 대접만큼은 해야 하는 건데 … 그렇지? 우리도 정성스런 예배를 드릴 수 있게 해 달라고 기도하자.

기도해요

하나님을 영접하는 아브라함의 자세가 정말 정성스럽네요. 언제나 먼저 찾아오시고 우리가 필요한 것과 해야 할 일들을 가르쳐 주셔서 감사합니다. 정성을 다해 예배드리지 못한 날들이 많았어요. 용서해 주세요. 덥고 짜증이 나는 일이 있더라도 이제는 참아 볼 거예요. 하나님을 기쁘시게 하는 일이니까요. 우리의 예배를 받아 주세요. 예수님 이름으로 기도 드립니다. 아멘

사라가 웃다

성경읽기 : 창세기 18장 9절 ～ 15절

성경 이야기

하나님이 사람의 모습으로 아브라함을 찾아오셨는데 아브라함은 정성을 다해 하나님과 천사들을 대접했단다. 아브라함에게 아기가 있을 것이라고 말씀하실 때 사라가 뒤에서 듣고 웃었단다. 왜냐하면 자기가 아기를 낳을 수 있다는 사실이 믿어지지 않아서야. 나이가 벌써 90살이나 되었거든? 그러니까 웃음이 나온 거지. 그런데 하나님은 사라가 웃은 것을 아시고 사라에게 하나님의 능력을 믿지 못하냐고 하시면서 사라가 아기를 낳을 것을 거듭 확인 시키셨단다. 결국에는 하나님의 뜻대로 이루어진다는 사실을 사라도 곧 알게 될 거야.

성경은 우리에게 하나님에 대해 많은 것을 알게 해 준단다. 아브라함의 이야기를 들으면서 하나님은 계획하신 일을 끝내 이루시고야 마는 분임을 알 수 있잖아? 14절에 하나님은 못하는 일이 없다고 말씀하시면서 때가 되면 사라에게로 오시겠다고 하셨지? 멋 지 시 당 ～ 하나님은 ～

얼마나 당당하신 모습이니?

우리도 당당하게 사는 거야. 하나님이 곁에 계시니까 우리를 지켜주심을 믿고 용감하게 우리의 할 일을 하는 거야. 사라처럼 의심하지 말고 일단은 하나님을 믿고 보는 거야. 왜냐? 성경에서 하나님의 능력을 알려주었으니까 우리는 의심하면 안돼. 성경은 진짜니까.

기도해요

우리에게 아브라함의 이야기를 알게 해 주셔서 감사합니다.

가장 적당한 시기에 하나님의 방법대로 우리를 인도해 가시는 세밀하신 사랑에 놀랐습니다. 때마다 아브라함에게 나타나셔서 앞으로 되어질 일을 알려주시고 염려하지 않게 자주 찾아오셔서 말씀도 하시는 모습에 정말 자상하심을 느낍니다.

하나님!

우리는 앞일을 조금도 알 수가 없어서 사실은 많이 불안하기도 해요. 아브라함이나 사라도 그랬을 거예요. 그래서 사라가 웃었을 거예요. 하나님이 자주 우리들을 돌보지 않으신다면 우리는 모두 어리석어서 자기 자신 하나도 지켜내지 못할 거예요.

내 속에 계신 성령님! 계속 내게 말씀하시고 가르치시고 돌보아주시기를 손 모아 기도 드립니다. 예수님 이름으로 기도 드립니다. 아멘

아브라함이 소돔을 위하여 빌다

성경읽기 : 창세기 18장 16절 ~ 33절

성경이야기

아브라함과 롯이 서로 사람들이 많아져서 헤어져 살게 되었을 때 롯은 소돔과 고모라라는 도시에 살고 있었단다.

오늘 성경에 나타난 이 도시는 하나님이 벌을 주려고 준비하시는 곳이었어. 하나님은 이 도시에 죄가 커서 직접 내려가 보시겠다고 하셨단다. 아브라함은 조카가 살고 있는 소돔성이 하나님의 노여움을 받아 멸망 당하는 것을 막아보려고 하나님께 여러 번 기도했지.

소돔성에 의인이 50명이 있다면 용서해 주세요....없다...

45명은요?...없다....

40명도요?....그래... 없다....

30명은요? 20명도요? ... 없다...

그럼 10명이 있다면 용서해 주실 거죠?...아니...10명도 없단다....

아브라함도, 하나님도 서로 헤어지고 시간은 자꾸 흘러갔단다.

아브라함의 심정은 정말 안타까웠을 거야. 우리도 기도하자.

기도해요

애가 타서 기도하는 아브라함의 모습을 생각하니 제 마음이 너무 아파요. 하나님이 아브라함의 기도를 들어 주세요. 죄가 커서 하나님의 심판을 받는 소돔과 고모라 성이 안됐기는 하지만, 죄를 싫어하시는 하나님께서 하시는 일이니 뭐라고 할 수 없네요. 죄가 내 마음 속에서 속삭일 때 소돔과 고모라 성을 생각할께요. 그리고 조카를 위해 기도하는 아브라함의 아름다운 마음도 본받아야겠지요.

우리나라가 소돔과 고모라 성 처럼 죄가 커서 하나님의 노여움을 받을까 걱정이 되요. 하나님을 먼저 믿은 우리가 열심히 전도도 하고 사랑을 전해서 하나님을 잘 믿는 나라가 되도록 노력할께요. 하나님이 도와 주세요. 하나님의 능력과 사랑이 필요합니다. 예수님 이름으로 기도 드립니다. 아멘

소돔의 죄악

성경읽기 : 창세기 19장 1절 ~ 11절

성경 이야기

저녁이 되자 천사들이 소돔에 도착했는데 마침 롯이 성문에 앉았다가 천사들을 보게 되었어. 롯은 천사들을 집으로 들어오게 하고 정성껏 대접을 하였단다. 그런데 소돔 사람들이 롯의 집을 에워싸고 난리가 난거야. 롯의 집에 있는 사람을 내 보내라고 말이야. 천사인 줄도 모르고 나쁜 짓을 하려는 거야. 이것저것 가리지도 않고 자기들이 하고 싶은 대로 하려는 소돔 사람들이 정말 한심해. 생전 처음 보는 사람한테 못된 짓을 하려고 물불을 안 가리니 어쩜 좋니? 늘 이런 식으로 사람을 괴롭히고 죄를 지으면서도 죄 인줄도 모르고 사는 소돔 사람들이 참 답답하다....

소돔과 고모라 사람들이 하나님을 알려고 하지도 않았고 오히려 하나님의 천사들까지 겁 없이 마음대로 하려는 행동은 정말 끔직해.

우리 주위에도 학생이나 어른이나 법도 없이 맘대로 하고 싶은 대로 하고 살려는 사람들이 많지? 하나님이 무슨 생각을 하실까 정말 무서워.

노아 때 홍수가 나서 세상이 물로 뒤덮였던 때하고 바벨탑을 짓는 사람들의 악함 때문에 언어가 나뉘었던 일…. 그리고 소돔과 고모라 사람들의 나쁜 행실로 도시 전체가 망하는 이 끔찍한 일들….

지금 우리가 살고 있는 지구도 다를 게 없어. 하나님이 얼마나 답답해 하실까?

모두가 우리를 사랑하셔서 한 명이라도 더 구원시키시려고 참으시는 건데 너무 하나님의 마음을 몰라 주는 것 같아. 너하고 나하고 만이라도 아니 우리 식구들이 앞장서서 악한 것들과 싸우자. 선을 행하려면 악한 것들과 맞서는 게 최선이야. 기도하자.

기도해요

죄의 결과는 멸망뿐이라는 것을 배웠습니다. 알고는 있었지만 심각하게 생각하고 살지 못했어요. 죄에 대해서 더 많이 생각하고 조심하는 습관을 갖도록 도와 주세요. 내가 편한대로 살고 남을 위하는 마음없이 나만 손해 안보면 된다고 생각하고 살았던 것들을 용서해 주세요.

소돔과 고모라 사람들은 죄를 짓고도 자신들이 무엇을 잘못했는지 모르는 것 같아요. 정말 무서운 일이에요. 하나님께 버림받는 사람들이 없었으면 좋겠어요. 우리들을 불쌍하게 보아주셔서 모두 하늘나라에 갈수 있도록 도와 주세요.

죄가 죄 인줄 알려면 하나님을 마음의 주인으로 섬기는 것 외에는 다른 방법이 없지요. 우리 마음에 들어오셔서 주인이 되어 주세요. 예수님 이름으로 기도 드립니다. 아멘

롯이 소돔을 떠나다

성경읽기 : 창세기 19장 12절 ～ 22절

성경 이야기

천사들은 롯과 그의 식구들을 빨리 도망시키려고 어서 식구들과 성 밖으로 나가라고 재촉했어. 롯의 사위들은 장인의 말을 농담으로 생각했고 롯도 자꾸 머뭇거리니까 천사들이 롯과 롯의 아내 그리고 두 딸들까지 강제로 이끌어 성 밖에 두었단다. 하나님이 롯에게 자비를 베푸신 거야. 롯은 멀리 도망해야 하는데 그것도 힘이 드니까 가까운 소알이라는 성으로 보내달라고 부탁 했단다. 천사들은 어서 도망하라고, 네가 도망해서 안전해 질 때 까지 우리가 소돔 성을 벌할 수 없다고 했어. 그리고 소알이라는 성도 망하지 않게 해 준다고 약속 했단다.

또 하나님은 아브라함에게 약속은 하지 않으셨지만 아브라함의 간절한 기도를 들으시고 롯을 살리기로 하셨던 거야. 하나님께서 응답을 안 하셔서 소돔과 고모라가 멸망 당할 때 롯이 함께 죽을 것 같았지만 하나님께서는 하나님의 사람의 기도를 들으셨던 거지. 감동이야, 정말...이런 분이 바로 너와 내가 믿는 하나님이란다. 기도하자.

기도해요

롯에게 베푸신 하나님의 사랑에 감격합니다.

롯이 멸망의 도시인 소돔과 고모라 성에서 떠나기를 머뭇거리자 하나님께서 천사들로 하여금 롯과 그의 식구들의 손을 붙들어 이끌어 내신 것을 알았습니다.

또 아브라함에게 베푸신 하나님의 사랑에 감동했어요.

하나님은 아브라함이 롯을 살려달라고 여러 번 기도하였을 때 그렇게 하겠다고 약속하지 않으셨지만 아브라함의 기도를 기억하사 롯을 살리셨습니다. 이러한 하나님의 모습을 보면서 하나님은 믿는 사람의 진실한 기도를 살피신다는 것을 알게 되었어요.

롯이 멸망의 도시 소돔과 고모라를 떠나기 주저하였을 때 손을 잡아 이끌어 주셨던 하나님!

아브라함의 기도에 의인이 없어서 멸망시키겠다던 하나님께서 아브라함의 기도를 생각하사 롯과 두 딸을 구원하신 하나님!

그 하나님께서 내가 믿는 하나님이시요, 우리가 믿는 하나님이시기에 죄를 멀리하도록 도와주시고 죄 가운데 빠져 있을 때에 우리를 이끌어 주세요. 그리고 거기서 하는 기도를 들어 응답해 주세요. 언제나 우리를 이끌어 주시고 우리의 기도 듣기를 즐겨하신 하나님께 예수님의 이름으로 기도 드립니다. 아멘!

소돔과 고모라를 멸하시다

성경읽기 : 창세기 19장 23절 ～ 29절

성경이야기

롯의 식구들이 소알 성으로 들어가자 해가 뜨기 시작했어. 하나님은 곧바로 소돔과 고모라에 유황과 불을 퍼 부으셨단다. 성과 온 들은 사람들과 더불어 모두 타서 재가 되었지. 롯의 아내는 속상하게도 도망하다 뒤를 돌아보아서 소금 기둥이 되어버렸단다.

아브라함이 그 성이 불타는 것을 보았는데 하나님은 아브라함으로 인해 그의 조카를 살려 주셨어. 조카를 사랑하는 아브라함의 마음도, 아브라함을 사랑하사 그의 조카를 살려주신 하나님의 자비하심도, 우리가 모두 마음에 담아두고 실천하며 살아야 하는 중요한 일이란다. 사람은 누구라도 도움을 받지 않고 살 수 없는 약함을 갖고 있기에 서로 사랑으로 용서하고, 이해하고, 도우며 살지 않으면 슬프고 불행한 일만 계속 일어나게 되지.

누구라도 우리의 도움이 필요하다면 지체하지 말자. 우리가 하나님의 사랑을 거저 받은 일을 생각하면 사랑하고 돕는 일에 인색한 것은 죄니까 말이야.

기도해요

하나님! 우리가 요즘에 고민 하는 것이 있어요.

우리가 사는 이 세상이 너무 무섭고 어지러워서요. 혹여 하나님의 심판이 시작되지는 않을까 생각해요.

유황과 불이 떨어져 모든 것들이 타서 없어져 버린 소돔 성을 생각하면 너무 무서워요. 우리가 지금 할 수 있는 일은 기도하고 각자 맡은 일에 최선을 다하는 거겠지요.

하나님!

우리 모두는 불에 타서 죽기도 싫고 물에 빠지는 것도 싫어요. 하나님이 준비하신 하늘나라에 모두모두 들어갈 수 있는 방법이 있다면 그건 예수님을 마음에 영접하고 그 말씀대로 사는 거예요.

이 복된 소식을 하나님과 예수님을 모르는 사람들에게 전할 수 있는 믿음과 힘을 주세요. 소돔과 고모라처럼 불에 타서 죽는 일을 겪지 않게요. 예수님 이름으로 기도 드립니다. 아멘

모압과 암몬 자손의 조상

성경읽기 : 창세기 19장 30절 ~ 38절

성경 이야기

소돔성이 멸망 당한 후에 롯의 딸들은 자신들에게 자식이 없음을 한탄하며 서로 의논하기를, 아버지와의 사이에서 아기를 낳아 자손이 끊어지지 않게 하자고 했단다. 정말 말도 안 되는 일이지.

말도 안 되는 일을 롯의 두 딸은 용감하게 실행에 옮겼고 드디어 아기를 낳았단다. 세월이 흐르면서 이 아기들은 무럭무럭 자라서 모압 족속과 암몬 족속의 조상이 되었단다. 문제는 이 두 조상들이 세운 나라가 아브라함의 자손들이 세운 나라와 계속 원수처럼 지내며 이스라엘을 괴롭게 한 거야.

죄는 눈에 보이지 않는 것이라 우습게 작은 일로 생각되어질지 모르지만, 아주 무시무시하게 커져서 많은 사람들을 괴롭게도 하고 슬픈 일들을 만들어 낸다는 것을 알아야 해.

다시 옛날로 돌아갈 수도 없고 얼마나 애가 타는 일이니?

같은 민족이면서 서로 전쟁을 하고 원수처럼 지내야하다니 말이야……

롯의 두 딸들이 조금만 하나님의 뜻을 생각해 보았더라도 그런 잘못은 안 했을 텐데 속상하다.

자 ~ 우리도 정신 차려야지? 잠깐 잘못 결정하는 일로 인해 엄청난 결과가 생기지 않도록, 항상 우리 마음을 성령님께 맡기는 기도를 게을리 하면 안 되겠어, 그치? 기도하자.

기도해요

하나님께서 아담이 잘못하였을 때 왜 그리 아픈 벌을 주셨는지 알 것 같아요. 죄로 인한 슬픔이나 아픔이 너무 커서 우리가 그런 아픔을 겪지 않기를 바라시는 거죠? 죄는 어쩌면 주인을 너무 잘 찾아가는 것 같아서 무서워요.

사람들이 하나님을 배우고 섬기며 예배하는 생활을 하게 되면 죄가 눈에 보이고 죄짓지 않으려고 서로 도울 텐데, 롯의 두 딸은 둘 중에 한 사람이라도 그러면 안된 다고 말하지 않았어요. 그게 너무 속상해요.

우린 서로 하나님의 말씀을 지키는 데에 열심히 하자고 서로 돕고 기도해 줄래요. 우리가 하나님의 말씀 배우는 일에 게으름을 피우지 않도록 도와 주세요. 노력하고 애쓸 때 하나님이 힘을 주셔야지요. 우리는 너무 약하니까 도와 주세요. 예수님 이름으로 기도 드립니다. 아멘

아비멜렉과 아브라함

성경읽기 : 창세기 20장 1절 ～ 18절

성경 이야기

아브라함이 남쪽으로 이사를 하게 되었을 때 그랄이라는 곳에서 머물게 되었단다. 그 곳의 왕이 바로 아비멜렉이었어. 아비멜렉은 왕이었기 때문에 아내가 있었어도 또 다른 여자와 결혼을 할 수 있었는데, 마침 아브라함과 함께 있는 사라를 보고 마음에 사랑하게 되었단다.

처음부터 아브라함은 사라를 누이 동생이라고 속였거든. 사라가 무척 아름다웠던 것 같아. 아내라고 하면 왕이 자기를 죽이고 예쁜 아내를 뺏어 갈까봐 거짓말을 한거야. 어쨌든 또 일이 꼬이기 시작하더니 아비멜렉이 사라를 데리고 가 버렸네? 아내로 삼겠다는 거지. 아비멜렉과 사라가 결혼하려는 순간에 하나님이 아비멜렉에게 나타나셔서 사라가 아브라함의 아내라는 사실을 알려 주셨고, 아비멜렉은 큰 죄를 지을 뻔했다고 아브라함에게 찾아가 사라를 돌려 보내주었어.

아브라함과 같은 믿음의 사람도 가끔은 겁이 나서인지 이런 실수도 하는구나.……. 엄마는 조금 위로가 된다야 ～ ㅋㅋ

　그보다도 하나님은 하나님의 자녀들이 죄를 짓게 되는 일이 생길 때 죄를 짓지 않도록 도와주시기도 하신다는 사실을 알게 되어서 정말 기쁘단다.

　아비멜렉이 이 일로 하나님을 두려워하고 오히려 아브라함에게 용서를 빌었고 은을 천개나 주면서 화해를 청했단다. 아브라함의 실수로 큰 일이 날 뻔하였지만 하나님은 오히려 나쁜 일 들을 뒤집어서 좋은 일로 만드셨어. 죄를 짓고 싶어 하는 사람들의 마음은 아무도 못 말리지만, 오직 하나님은 그런 사람들의 마음을 다스려서 착한 일들을 하게 하신다는 사실이 오늘 우리를 얼마나 감사하게 하는지 모르겠구나. 오늘도 우리가 모르는 사이 우리를 죄에서 보호해 주신 하나님께 기도하자.

기도해요

멋지신 우리 하나님께 두 손 들어 찬양 드립니다.

하나님의 지혜로우심과 택한 백성을 자상하게 돌보시는 착하신 마음에 감동했습니다. 오늘 우리가 알지 못하는 순간에도 우리 곁에서 우리를 돌보아 주심을 믿고 감사 드립니다.

미련해서 어리석어서 잠시 앞의 일도 알지 못하는 우리들입니다. 알지도 못하면서 아는 척 하며 남을 무시하고 나에게 좋은 것들만 챙기기 바쁜 바보들입니다. 그러나 하나님이 우리의 보호자 되시니 든든하고 감사합니다.

혹시라도 아브라함과 같은 실수를 하게 될 때 도와주셔서 죄를 만들어 어리석게 여러 사람을 힘들게 하는 일이 생기지 않도록 도와 주세요.

하나님, 날마다 도와 달라고만 해서 죄송해요. 이제부터 열심히 말씀을 지키고 이웃을 사랑하는 사람이 되도록 노력할 거예요.

오늘 하나님의 말씀은 정말 좋은 은혜가 되었습니다. 감사드립니다. 예수님 이름으로 기도 드립니다. 아멘

사라가 이삭을 낳다

성경읽기 : 창세기 21장 1절 ~ 21절

성경 이야기

아브라함은 100살이고 사라가 90살이 되었을 때 이삭이 태어났단다.

기적 같은 일이었지. 암 만 ~

기대하고 고대하고 때로는 의심도 하고……. 아마 속도 많이 상했을 거 같아.

이제 하나님의 능력으로 사라는 아들을 낳았고, 아브라함이나 사라는 하나님의 성실하심에 감사하며 기뻐했겠지. 얼마나 좋았을까? 아들을 낳았으니! 그런데 꼭 기쁘지만은 않은 사람도 있었어. 하갈과 이스마엘이야. 왜 그랬는지는 짐작이 가지?

우리는 모두 욕심쟁이들이야. 내가 좋으면 남은 안 좋아야 마음이 편하니 말이야. 사라도 하갈도 아브라함을 남편으로 섬기고 있으면서 사이가 좋았으면 얼마나 행복한 일이니? 그런데 그게 잘 안되었던 것 같아.

주인인 사라가 이스마엘이 이삭과 사이가 좋지 않으니까 아브라함에게 말해서 쫓아내게 하였단다. 아브라함의 마음이 많이 괴로웠다고 성경에는 쓰여 있어. 하나님은 사라가 미워하는 하갈과 이스마엘을 버려두지 않으시고 보살펴 주셨어. 나중에 이스마엘의 자손도 큰 민족이 될 거라고 약속 하셨단다.

우리는 서로 미워하는 사람에게 복을 빌어주는 일에 인색하지만 하나님은 안 그러셔. 사랑은 이랬다저랬다 하는 게 아니거든? 기도하자.

기도해요

이삭이 드디어 태어났네요.

하나님의 능력으로 태어났어요. 하나님은 말씀하신 것을 꼭 지키시는 분이시지요.

먼 옛날 아브라함에게 하신 약속도 지키셨으니 지금 우리에게

하신 약속도 지키시리라 믿어요. 사실은 우리 집도 많이 싸우고 그래요. 누나들이랑 저랑, 그리고 누나끼리도요. 서로 좋은 일이 많이 생기도록 도와주고 화가 나거나 손해 보는 일이 있더라도 참고 사이좋게 지내면 얼마나 좋을까요? 이스마엘이랑 이삭도 사이좋게 지냈으면 그런 슬픈 일은 없었을 텐데요.

우리 집 식구들이 행복하게 살수 있도록 서로 노력하게 도와 주세요. 사라가 나이 많아 아기를 낳을 수 없었지만 하나님은 아브라함과의 약속을 지키셨어요. 하나님의 능력을 무시하거나 믿지 않는 것이 큰 죄가 된다는 것을 잘 알고 있어요. 우리가 많이 기다려야 하고 또는 많이 힘이 들어도 하나님을 믿는 일에 게으르지 않게 도와 주세요. 우리를 사랑하시는 하나님께 예수님 이름으로 기도 드립니다. 아멘

이삭을 번제로 드리다

성경읽기 : 창세기 22장 1절 ~ 19절

성경 이야기

하나님께서는 우리가 죄와 싸워서 이길 수 있는 장수로 만드시기 위해 여러 가지로 훈련을 시키신단다. 어떤 일이 있어도 하나님의 법을 지키면서 더러운 것들과 당당히 싸울 수 있는 군사로 말이야. 엄마랑 아빠가 너희들을 키울 때 길 가다가 넘어진 너희를 일으켜 주지 않고 일어나서 툭툭 털고 걸어오라고 했던 거 기억나니?

어려서부터 혼자 일어나고 넘어지지 않는 법을 알아내고 웬만한 일에 울지 않고 참는 법을 배우게 하기 위해서야.

우리가 하나님을 우리의 창조주라고 믿는 그 순간부터 우리는 하나님의 군사로 부끄럽지 않는 사람이 되기 위해 노력해야 한단다.

이 세상에는 아담과 하와를 죄에 빠지게 한 나쁜 마음들이 가득하기 때문이지. 이런 것들과 싸우고자 할 때 꼭 필요한 것이 바로 믿음이란다.

하나님께서 나를 이기도록 도와주시리라는 마음이지. 누가 뭐

라 해도 나를 하나님이 지켜주신다는 굳은 마음!!!

이제 하나님은 아브라함에게 시험을 하시기로 작정하시고 아브라함을 부르셔서 이삭을 데리고 제사를 드리러 가라 하셨단다. 이삭을 죽여서 제물로 바치라는 명령이었어. 아브라함의 마음이 정말 아팠을 거야. 밤새 많이도 힘들었겠지…….

그러나 다음날 아침 일찍이 아브라함은 서둘러 하나님의 명령에 따르고자 이삭과 함께 하나님이 정하신 산으로 떠났단다.

대단한 믿음이야, 대단해!

자식을 죽여서 불에 태워 제물로 드려야 하는 아브라함의 마음은 이미 아프고 속상했지만, 원망스러움보다 하나님께 순종하기로 마음을 굳혔단다. 지금까지 약속을 지키신 하나님의 능력을 믿기 때문에 어렵지만 하나님의 선하심을 바라고 결정한 일이었단다. 엄마나 아빠도 이러지도 못하고 저러지도 못하는 일이 생길 때는 꼭 하나님의 말씀을 기준으로 결정한단다. 그것이 최선이라 믿기 때문이지. 앞으로 생기는 일에 대해 아무것도 모르는 우리가 온 세상의 주인이신 하나님을 믿고 결정하는 것은 당연하다고 생각해.

아브라함은 정말 어렵게 하나님의 명령을 따랐고 그런 아브라함에게 하나님은 이미 제물을 준비시키셔서 이삭을 죽이지 못하게 하셨단다. 하나님이 준비하신 짐승으로 제사를 지내면서 아브라함도 이삭도 다시 한 번 하나님의 진실된 마음을 느끼고 감사했단다.

하나님이 시험하신 목적이 아브라함이나 이삭을 괴롭게 하려는 것이 아니었기에 말이야. 시험은 당시에는 무섭고 아파도 무사히 치르고 나면 기쁘고 자랑스럽기까지 하단다.

에덴동산에 있었던 뱀의 마음을 가진 나쁜 마음들은 우리를 슬프게 하고 속상하게 하려고 시험하지만, 하나님은 더 많은 좋은 것들을 주시고자 시험 하신단다. 아브라함을 보면 알 수 있지? 우리는 항상 의롭고 정직하시고 변함없으신 선하신 하나님을 믿는 일에 게으름을 피우면 안돼. 하나님은 항상 우리의 마음을 보시고 믿음을 갖고 모든 일을 하길 원하시니까.

기도해요

하나님께서 아브라함에게 명령하신 일이나 그 명령을 지키려고 애를 쓴 아브라함이나 정말 너무 멋집니다.

세상에 다시 없을 이런 신비스러운 일을 배우고 깨닫게 하셔서 감사합니다. 앞으로 우리도 어쩌면 이렇게 어려운 결정을 해야 할 일들이 많을지도 몰라요.

우리가 너무 하나님 생각을 조금밖에 안하니까 마구 지나가는 거죠.

우리에게도 믿음을 가지고 살면 이런 하나님의 능력을 내 눈으로 볼 수 있다는 사실이 얼마나 신나는지 몰라요. 앞으로 하나님의 말씀인 성경읽기가 진짜 많이 기대되네요. 성경을 알게 하신 하나님! 감사합니다. 예수님 이름으로 기도 합니다. 아멘

아브라함이 막벨라 굴을 사다

성경읽기 : 창세기 23장 1절 ~ 20절

성경 이야기

사라는 127살을 살고 죽었단다.

아브라함은 먼저 죽은 사라 때문에 무척 슬퍼했어. 엄마도 아빠도 둘 중에 누가 먼저 죽는다면 많이 슬프겠지? 아브라함은 죽은 사라를 좋은 곳에 묻어주고 싶었어. 그래서 그 곳 사람들에게 막벨라 굴을 살 수 있게 도와 달라고 부탁을 했단다. 그런데 그 곳 사람들이 아브라함에게 거저 가져 가라고 하면서 돈은 필요 없다는 거야. 아브라함은 그 곳에 살면서 정말 의롭게 살았나 봐. 사라를 위해 거저 갖지 않겠다는 아브라함과 거저 가져 가라는 주인들 사이에 뜨거운 믿음이 오고 갔단다. 보기 좋지? 결국은 아브라함이 돈을 주고 막벨라 굴을 샀어. 그리고 그 곳에 사라를 묻고 아브라함이 그 곳의 주인이 되었단다.

우리는 하루에도 많은 사람들과 만나고 또 함께 지내잖아? 언제 어디서 무슨 일이 생기더라도 또 누구를 만나더라도 반갑게 맞을 수 있는 사람이 되었으면 해.

항상 한결 같은 사람…….

늘 따뜻하고 편안한 사람······.

그런 사람에게서는 항상 하나님의 사랑이 보여 진단다.

기도해요

서로 돕겠다는 아름다운 마음들을 보았습니다.

평소에 아브라함과 그 땅의 백성들이 얼마나 사이좋게 지냈을까, 짐작이 갑니다.

하나님!

요즘은 사람을 제일로 무서워 하는 시대가 되었어요. 하나님이 만드신 사람은 하나님 보시기에 정말 아름답고 좋다고 하셨는데 말이죠······. 서로 손해 보려고 하지 않으니까 절대 돕지 않아요. 그러다 보니 혼자만 잘 살면 된다는 생각이 옳은 것처럼 되어 버렸어요. 그러나 아브라함과 이웃들이 아름다운 마음들을 나누는 모습은 참 보기 좋아요. 마음이 부자가 된 것 같고요.

늦지 않았으니 우리가 먼저 좋은 이웃이 되려고 노력 할께요.

하나님의 사랑이 어떤 것인지 보여주고 싶어요.

어두움을 어둡다고 생각하지 않는 사람들에게 용감히 빛 되신 예수님을 전할께요. 우리에게 용기를 주세요. 예수님 이름으로 기도 드립니다. 아멘

이삭이 리브가를 아내로 삼다

성경읽기 : 창세기 24장 1절 ~ 67절

성경 이야기

아브라함은 나이 많아 죽기 전에 이삭을 장가 들일 생각을 했단다. 종을 불러 고향으로 가서 그 곳 처녀를 데려와 이삭의 아내를 삼게 하고 싶었어. 아브라함이 살고 있었던 곳은 하나님을 섬기지 않는 사람들이 많았고, 아브라함은 이삭이 하나님을 섬기는 사람과 결혼해서 하나님의 백성들이 많아지게 하고 싶었던 거야. 아브라함의 충성된 하인은 아브라함의 마음을 너무 잘 알고 있었어. 그래서 곧바로 아브라함의 고향으로 내려가면서 하나님께 간절히 기도했단다. 이삭의 부인될 처녀를 쉽게 알아보고 만날 수 있게 해 달라고 말이야.

하나님은 하인의 기도를 들어 주셨고 하인은 리브가라는 처녀를 데리고 아브라함에게 돌아 왔단다. 리브가는 나홀의 아들 부두엘의 딸이었단다. 아브라함의 친척이잖니? 나홀은 아브라함의 형제였잖아? 하나님은 이삭의 부인을 리브가로 정하시고 아브라함의 하인이 쉽게 찾을 수 있게 도와 주셨단다. 아브라함도 이삭도 사라도 하인도 모두 하나님께 감사했지. 이삭은 드디어 아름다운 리브가와 결혼을 했어.

우리의 모든 것들을 준비하시고 때마다 적당히 주시는 하나님께 감사 기도를 드리자.

기도해요

저는 아직 결혼 할 나이는 아니지만 결혼을 위해 기도해야겠다는 생각을 했어요. 작은 일도 큰 일도 모두 하나님께서 하시니까요. 하나님의 도움을 청하는 하인의 기도하는 모습은 정말 진실한 모범을 보여준 것 같아요. 항상 하나님의 뜻에 따라 살려하는 아브라함의 마음을 하나님께서 얼마나 기뻐하셨을까 하고 생각하니 부러웠어요.

우리들의 앞날에 하나님께서 책임자가 되어주신다니 정말 감사해요. 우리들도 하나님의 마음을 기쁘시게 하는 일에 최선을 다하게 도와 주세요. 예수님 이름으로 기도 드립니다. 아멘

이삭이 그랄에서 살다

성경읽기 : 창세기 26장 1절 ~ 33절

성경 이야기

아브라함이 죽고 그 곳에 흉년이 들자 이삭은 그랄이라는 곳으로 이사를 하였단다. 그 때에 하나님께서 이삭에게 나타나셔서 애굽으로 가지 말고 하나님이 지시하는 곳에서 살라고 하셨어. 그렇게 하면 아브라함에게 약속하셨던 복들을 이삭에게도 주실 거라고 하셨지. 하나님은 아브라함과 하신 약속을 이삭에게도 지켜주고 싶으셨던 거야. 계속해서 지켜주고 또 지켜줄 터이니 하나님의 백성으로 살기를 바라셨지.

이삭은 아버지가 하나님의 말씀을 소중히 여기며 살았던 모습을 마음에 간직하고, 하나님이 아버지에게 하신 약속을 굳게 믿고 하나님의 명령대로 애굽으로 가지 않았단다.

우리가 살다보면 과연 하나님이 나를 도와주시는 걸까? 하고 의심이 들 때가 있어. 우리의 마음대로 일이 이루어지지 않을 때 더욱 그런 생각을 하게 되지. 그러나 이삭은 자기 마음에 들지 않았어도 하나님의 약속이 있었기 때문에 자기 마음이 시키는 것보다 하나님의 말씀을 더 중요하게 생각했던 거야.

우리에게 필요한 중요한 일이란다. 기다리고, 또 참기도 많이 해야 하고, 억울한 일도 겪고, 힘도 많이 들겠지. 하지만 이러한 것들이 하나님을 믿는 일을 방해 할 수는 없어. 이삭도 아내인 리브가가 아름다운 일로 인해 사람들이 자기를 죽일까봐 거짓말을 했단다. 리브가는 자기 동생이라고 말이야. 한참을 그렇게 알고 지내던 그 곳 왕인 아비멜렉이 한번은 이삭과 리브가가 껴안고 있는 것을 본거야. 아비멜렉은 이삭에게 화를 내며 왜 거짓말을 하느냐고 따졌단다. 이삭이 변명을 하자 아비멜렉이 그 땅 백성들에게 리브가는 이삭의 아내라고 말해 주었어.

이삭이 하나님의 은혜로 부자가 되니까 블레셋 사람들이 시기해서 아브라함이 팠던 우물들을 막고 흙으로 메워 놓는 일이 생겼단다. 아비멜렉이 이삭에게 떠날 것을 말하자 이삭이 그 곳을 떠나 다른 곳에서 우물을 팠어. 그러면 그랄 사람들이 또 와서는 시비걸고, 그러면 또 다른 곳으로 가서 우물을 파고, 또 와서 시비걸면 또 다른 곳으로 가고… 그러다가 이삭이 브엘세바라는 곳으로 올라갔을 때 하나님은 이삭에게 나타나셔서 두려워 말라고 안심시켜 주셨단다.

이삭을 미워하여 내쫓았던 아비멜렉은 이삭을 찾아와 화평을 약속하려고 했단다. 이삭을 보니까 이삭에게는 하나님이 함께 계시는 것이 보이거든! 그러니까 이삭과 사이좋게 지내고 싶었던 거야. 이삭과 그 곳 사람들이 화해를 하고 더 이상 우물 때문에 싸우는 일이 없게 되었단다. 싸우고 서로 미워해서 일어나는 모든 일들도 하나님이 해결해 주시면 이렇게 아름답게 마무리가 된단다.

기도해요

이삭이 얼마나 마음고생을 했을까요?

따라 다니면서 괴롭히는 사람들... 진짜 못 말리거든요. 같이 싸우자니 하나님을 믿는 사람들이 저러냐고 손가락질 할 거고 참자니 화병이 나려하고...

오늘 배운 말씀은 우리에게 커다란 지혜를 얻게 했어요.

참고 기도하고 하나님께 맡기면 되겠지요? 아름답게 해결해 주시는 하나님을 믿으니까요. 참는 거 잘 못하지만 하나님을 믿는 마음으로 한 번 해 볼께요. 이번에도 도와 주셔야 해요? 예수님 이름으로 기도 드립니다. 아멘

에서와 야곱이 태어나다

성경읽기 : 창세기 25장 19절 ~ 26절

성경 이야기

40세에 리브가와 결혼을 하였지만 이삭에게는 아이가 없었어. 이삭은 하나님께 기도했단다. 리브가가 아기를 갖도록 하나님이 도와 달라고 말이야. 하나님은 이삭의 기도를 들으시고 리브가에게 아기를 낳도록 해 주셨어.

그런데 너무 재미있게도 리브가는 쌍둥이를 낳았지 뭐니?

남자 쌍둥이……. ㅋㅋ 더 재미있는 것은 나중에 태어난 야곱이라는 아기는 글쎄 앞에 있는 형의 발꿈치를 잡고 나왔다는 거야. 상상을 해봐. 정말 재미있지 않니? 리브가가 에서와 야곱을 낳았을 때 이삭은 60살이었단다.

기도해요

하나님은 무슨 일이든지 다 ~ 하실 수 있는 분이니까 쌍둥이를 낳게도 하시지요.

20년을 기다리다 쌍둥이를 낳았으니 이삭이 얼마나 좋았을까요?

이제 이삭의 자녀들을 통해 하나님의 뜻을 알고 싶어요.

하나님께서 이삭에게 약속하신 일들을 에서와 야곱을 통하여 계속 지켜주실 거라고 믿어요. 우리는 어리석어서 지금 당장 눈에 보이지 않는다고 실망하고 울고 그래요. 아브라함도 이삭도 오랜 세월 속상하고 울고 싶을 때가 많았겠지만, 항상 돌아보면 곁에 계시는 하나님을 의지하고 믿음으로 살았지요. 우리들도 믿음을 굳게 지키며 살겠습니다. 도와 주세요. 예수님 이름으로 기도 합니다. 아멘

에서가 장자의 명분을 팔다

성경읽기 : 창세기 25장 27절 ~ 34절

성경 이야기

　에서는 자라서 사냥하는 사람이 되었고 야곱은 온순한 성격 이
었나봐. 주로 집안에서 엄마 일을 도우며 자란 것 같아. 또 아버
지 이삭은 사냥해서 만든 고기를 좋아하니까 에서를 좋아했고 엄
마는 야곱을 좋아 했어.

　하루는 야곱이 부엌에서 죽을 쑤는데 에서가 헐레벌떡 들어와
서는 배가 고프니 죽을 달라고 했단다. 야곱은 바로 죽을 주지 않
고 형이 동생하고 자기가 형을 하겠으니 형의 장자 명분을 자기에
게 넘기라고 조건을 달았지 뭐니? 에서는 배고픈 일이 먼저니까
맘대로 하라고 장자의 명분을 야곱에게 주었어. 이 일을 아무도
모르는 것 같아도 하나님은 다 ~ 보고 계셨단다. 34절에 에서가
장자의 명분을 가볍게 여겼다고 쓰여 있단다. 장자는 하나님의
축복을 받을 수 있는 특권이 있는데 그것을 가볍게 생각한 에서가
어리석은 거지.

　에서의 마음 속에 하나님이 아닌 다른 것들이 주인이니까 하나
님으로부터 오는 복을 쉽게 생각한 거야. 하나님이 제일로 싫어

하시는 건 하나님을 하나님으로 인정하지 않는 말과 행동이거든. 만약에 네가 아빠야. 그런데 네 자녀들이 너를 아빠라고 생각 하지도 않고 더군다나 너를 무시하고 산다면 네 마음이 어떻겠어? 그건 아니지....

창세기를 배우면서 하나님의 마음을 알아간다는 건 정말 감사한 일이야, 그렇지? 기도하자.

기도해요

오늘 하루를 지내고서 돌아보면 우리 마음 속에 하나님이 주인이셨던 때 보다 우리 자신이나 친구들... 그리고 용돈이 주인으로 있을 때가 더 많았던 것 같아 부끄럽지만 고백합니다.

용서해 주세요.

에서의 마음에 하나님이 주인이 아니었기 때문에 어리석게도 자신에게 있을 복을 버리는 바보짓을 했네요. 눈에 보이지 않는다고 소중하게 생각지 않고 무시하는 어리석은 행동을 하지 않도록 우리 마음에 주인이 되어 주세요. 예수님 이름으로 기도 드립니다. 아멘

야곱에게 축복하는 이삭

성경읽기 : 창세기 27장 1절 ~ 45절

성경 이야기

이삭이 살았던 시대에는 장자, 다시 말해서 첫 아들에게 축복을 받을 권리가 있었어. 당연히 이삭의 첫째가 에서였기 때문에 에서가 이삭의 축복을 받아야 되는 거였지 .... 그러나 엄마 리브가는 야곱을 더 사랑했고 하나님께서 아버지를 통해 주시는 복을 야곱이 받기를 바랐단다. 엄마 리브가의 지시대로 야곱은 아버지를 속이고 형 흉내를 내면서 이삭의 축복 기도를 받게 되었지. 하나님께서는 이 일에 대해 잘했다 잘못했다 아무 말씀도 안 하셨지만, 하나님의 계획에는 절대 잘못은 있을 수 없으니까 하나님의 예정하신 뜻이라고 이해해야 해.

사람들이 정한 법이 때로는 하나님의 법과 맞지 않을 수도 있다는 거지. 사람의 법보다 하나님의 법이 우선이니까 우리도 늘 하나님을 우선으로 생각하고 살아야 하는 거야.

에서가 전에 야곱에게 장자의 자리를 주어 버렸던 일 생각나니? 사냥에서 돌아온 에서가 너무 배고프니까 부엌에서 팥죽을 만들고 있던 야곱에게 한 그릇 먹게 해 달라고 했던 일 말이야.

그 때 야곱은 형을 포기하라고 했지. 자기가 형을 하겠다는 거야. 팥죽 한 그릇 먹으려고 에서는 그러라고 했고, 이 일은 결국 에서가 장자의 축복을 가볍게 여긴 어리석은 일이 되고 말았단다.

　이제 이삭은 야곱에게 속아서 야곱을 축복했지만 모든 일을 하나님의 뜻이라 여기고, 화가 난 에서를 피해 외삼촌인 라반의 집으로 야곱을 도망시켰어. 형 에서 입장에서 생각하면 어이없는 일이었지만 하나님은 야곱의 도망하는 길에서 야곱을 지켜 주셨단다. 이것이 우리가 이해하기 힘든 일이지 그렇지? 그러니까 하나님의 마음을 알게 해 달라고 우리 기도하자.

기도해요

하나님! 때때로 우리와 생각이 다르신 하나님의 마음을 이해하기 힘들 때가 있네요. 에서와 야곱을 보며 속상하기는 했어요. 에서가 장자의 축복을 너무 가볍게 여기고 나중에서야 후회하는 모습은 많이 속상하네요. 또한 하나님께서 정해 놓으신 뜻대로 야곱을 지켜 가시는 모습을 보면서 다시 한 번 하나님의 깊으신 마음은 우리와 많이 다르다는 걸 깨달았답니다.

눈에 보이지 않는 것들을 우리는 너무 가볍게, 간단히 생각해 버리는 경우가 많은 것 같아요. 모든 일이 하나님의 계획 속에 이루어진다는 걸 잊지 않고 사는 방법은 없을까요? 사실은 자주 잊어버려서 나중에서야 잘못을 알게 되고, 후회하게 되고 그래요. 친구랑 싸울 일이 생겨서 기분이 나빠지면 내 마음에 꼭 다른 것이 들어와 조종하는 것 같아서 무서워요.

야곱이 형을 억울하게 하고 아버지를 속인 잘못을 했지만, 그 마음에 하나님으로부터 내리는 복을 받고자 하는 꿈이 컸기에 하나님으로부터 복을 받을 수 있었던 것 같아요. 하나님의 일로 열심을 내지 못한 우리의 모습을 회개 합니다. 용서해 주세요. 예수님 이름으로 기도 드립니다. 아멘

야곱이 라반의 집에 이르다

성경읽기 : 창세기 28장 1절 ~ 5절

성경이야기

에서가 화가 많이 나서 야곱을 찾고 있었기 때문에 리브가와 이삭은 야곱을 외삼촌인 라반의 집으로 보내기로 했어. 이삭이 야곱을 보내면서 부탁한 일이 있었는데 외삼촌의 딸 중에서 결혼 상대를 고르라는 거야. 하나님을 모르는 민족하고 결혼하지 말라는 거지.

이삭이 야곱에게 부탁한 이 일은 정말 중요한 일이었단다. 결혼은 대대로 자녀를 낳고, 하나님이 명령하신 일들을 지켜가는 아주 큰일이었기 때문에 야곱이 같은 민족인 라반의 자손과 결혼하기를 바랐겠지. 그래야 하나님의 가르치심이 계속 이어 갈 수 있으니까…….

엄마도 그래. 네가 하나님을 믿는 믿음 있는 사람과 결혼하길 바래. 엄마가 아빠랑 수십 년 넘게 살다보니 가정에서 가장 중요한 건 믿음이라는 것을 알았단다. 이런 일 저런 일 생길 때마다 서로 하나님에 대한 마음이 같으니까 결정할 때도 같은 생각으로 해결 할 수 있어서 너무 감사하단다.

아직은 어리지만 우리 하나님께 결혼에 대해 기도해 볼까?

기도해요

조금은 부끄럽지만 하나님께 드릴 말씀이 있어요.

저도 커서 결혼을 해야 잖아요?

이삭이 중요하게 생각했던 야곱의 결혼에 대해서 저도 중요하다고 생각 했어요. 서로 생각이 같은 곳에 있다면 정말 행복 백배일 것 같아요. 싸우는 일도 줄일 수 있고요, 사랑하는 마음이 점점 많아지게 될 거예요. 이 다음에 저와 결혼할 사람은 하나님을 많이 사랑하는 사람이길 바래요.

하나님도 저랑 같은 마음이시죠?

하나님의 자녀들이 자꾸자꾸 많아져서 이 세상이 지금보다 훨씬 행복하게 바뀌었으면 해요. 이 일을 위해 우리 모두 최선을 다하도록 그 때마다 지혜를 주세요. 예수님 이름으로 기도 드립니다. 아멘

야곱이 벧엘에서 꿈을 꾸다

성경읽기 : 창세기 28장 10절 ~ 22절

성경 이야기

혼자 짐 보따리 들고 먼 길을 떠나는 야곱은 많이 외로웠을 거야. 무섭기도 하고, 서럽고 처량하고... 그랬을 거야.

외삼촌 집이 하룻길이 아니어서 날이 어두워지자 길인지 산이었는지는 잘 모르겠는데 어쨌든 밖에서 잠을 자게 되었단다. 돌을 베개 삼고 자다가 꿈을 꾸었어. 사닥다리가 땅 위에 서 있었고 그 끝이 하늘에 닿아 있는 거야. 또 하나님의 사자들이 그러니까 천사들이지? 천사들이 오르락내리락 하는 거야. 게다가 하나님께서 그 위에 서 계셨는데 야곱에게 그 누운 땅을 야곱에게 줄 것과, 조상 아브라함과 이삭에게 하셨던 약속을 야곱에게도 하시면서 야곱에게 늘 함께 계실 거라고 안심 시켜 주셨단다.

야곱은 잠에서 깨어 너무 기뻤던 나머지 베개를 하였던 돌을 기둥으로 세우고, 그 곳에 기름을 붓고 하나님께 약속의 기도를 드렸단다. 혼자가 아니었다는 기쁨에 얼마나 안심이 되었을까?

야곱은 고향 집으로 무사히 돌아오게 해 주신다면 이 곳에서 하나님을 위해 예배를 드리겠다고 약속 했지. 십의 일조도 하나

님께 드리고 하나님을 믿는 마음으로 살겠노라고 거듭 약속 하였
어. 야곱은 이제 혼자가 아니라는 사실 때문에 훨씬 마음이 행복
해 졌을 거야. 편안한 마음으로 외삼촌 집을 향해 걸어 갔을 야곱
을 생각하며 외롭지 않게 늘 우리 곁에 계시는 하나님께 감사 기
도를 드리자꾸나.

기도해요

혼자 집을 나와 먼 길을 가고 있는 야
곱에게 나타나셔서 안심 시켜 주시고 앞
으로 계속 함께 도와주시기도 하고, 어려울
때 슬플 때 기쁠 때도 늘 하나님이 곁

에 계셔 주신다고 약속해 주셔서 감사해요. 야곱은 얼마나 하나
님께 감사 했을까요?

 야곱처럼 우리도 지켜 주실거라 믿고 또 감사해요.

 엄마 아빠가 집에 안 계실 때 몇 시까지 오시는지 알면 훨씬 마
음이 놓이는 것처럼 하나님께서 항상 있으시며 보호해 주실 것이
라고 믿을 거예요.

 오늘도 지켜주신 하나님께서 내일도 지켜 주실 것이라는 믿음
을 잃지 않도록 도와 주세요. 예수님 이름으로 기도 드립니다. 아
멘

야곱이 결혼하다

성경읽기 : 창세기 29장 1절 ~ 30절

성경 이야기

야곱이 외삼촌 집에서 한 달을 머무르며 지내다가 외삼촌인 라반과 약속을 하게 되었어. 무슨 약속이었냐 하면 야곱이 라반과 오래 살게 될 것 같으니까 야곱이 일을 하고 일을 한대로 값을 주겠다는 거였어. 정말 좋은 일이지? 일도하고 돈도 벌고...

이때 야곱은 외삼촌 라반의 작은 딸을 사랑하게 되어서 품 삯 대신 라헬과 결혼하는 걸로 결정하고 7년을 일하기로 했단다. 7년은 긴 세월인데 야곱은 라헬과 결혼할 생각에 아주 즐겁게 일했지. 7년을 그렇게 애써 일하고 드 ~ 뎌 라헬을 아내로 맞이하는 날!!! 외삼촌은 라헬 대신에 언니인 레아를 몰래 들여보내서 레아랑 야곱이 결혼을 하게 되었지 뭐니? 야곱이 살던 시대에는 결혼식을 밤에 했거든! 그래서 아침에서야 신부 얼굴을 볼 수 있었단다. 야곱이 얼마나 실망 했겠니? 야곱이 따지니까 외삼촌이 대답하기를 그 지방 풍습에 동생 먼저 시집가는 법은 없다는 거야. 그러니까 다시 7년을 고생하고 라헬과 결혼해라, 이거야……(어이 없음). 다행히 7년이 지나자 라헬도 야곱의 부인이 되었지만 야곱은 이 일로 7년 동안 또 고생하며 일을 해야만 했단다.

야곱이 라헬을 어지간히 사랑 했나봐, 14년이 뭐야? 아빠가 엄마를 위해 14년 동안 돈 안받고 일하라면 뭐라 하실까? ㅋㅋ

엄마는 잠시 생각을 했어.

하나님은 야곱이 어떻게 하기를 바라셨을까?

하나님이 우리를 늘 지켜 주신다고 해서 우리가 해야 할 일을 게을리 하는 것은 옳지 않은 일이야. 하나님은 야곱이 어려운 가운데에서도 하나님께서 약속하신 일을 기억하며 잘 참고 감사한 마음으로 때를 기다리기를 원하셨을 거야. 그 힘은 물론 하나님이 주셨지만 말이야……. 야곱이 어려울 때 힘을 주신 하나님께 우리도 기도하자.

기도해요

아주 가끔은 내 마음과 다르게 오해가 생기고 계획한 대로 이루어지지 않아 속상 할 때가 많지만 오늘 야곱의 이야기를 듣고 깨달은 것이 있어요. 하나님은 우리가 완전하지 않은 것을 아시니까 많은 부분을 도와주시지요? 우리는 어리석어서 앞에 일어날 일을 조금도 모르잖아요. 그러면서도 금방 무엇이 될 것처럼 호들갑을 떨기도 하고 금세 망해서 다 죽는다고 울고불고 하잖아요?

많이 부끄러워요!

야곱이 14년이라는 세월을 하나님과의 약속을 믿지 않았다면 어떻게 견뎠을까요?

　우리에게 소망을 주신 하나님께 머리 숙여 감사 드립니다. 눈에 보이지 않는다 하여도 이렇게 사람을 움직일 수 있는 힘이 있다는 건 정말 놀라운 일이라고 생각해요. 이제부터 제 마음에 더 많은 하나님의 능력이 있다는 걸 믿을 거예요. 야곱보다 더 어려운 일이 있어도 견딜 수 있다고 믿으니까요. 하나님은 정말 대단하신 분이세요. 우리 모두 하나님을 믿을 수 있게 되어서 대단히, 아주 굉장히 행복하답니다. 감사합니다. 하나님!!!! 예수님 이름으로 기도 드립니다. 아멘

야곱의 자녀들

성경읽기 : 창세기 29장 31절 ~ 30장 24절

성경 이야기

야곱에게는 아내가 4명이나 있었어. 와 ~ 우 ~ 놀랐지?

야곱이 사랑한 라헬과 라헬의 여종인 빌하, 그리고 라헬의 언니인 레아와 레아의 여종인 실바, 이렇게 4명이 된 거야.

아마도 야곱은 살면서 많이 힘들었을 거야.

결혼을 하면 아기가 생기게 되고 식구들이 점점 많아지게 되잖아? 야곱은 특별히 아들들이 많았단다. 레아가 낳은 자식은 르우벤, 시므온, 레위, 유다, 잇사갈, 스불론, 그리고 디나라는 딸을 낳았어. 모두 몇 명이야? .... 7명을 낳았네?

라헬은 레아보다 늦게 아기를 낳았는데 요셉과 베냐민을 낳았고 레아의 시녀인 실바는 갓과 아셀을 낳았고, 라헬의 시녀인 빌하는 단과 납달리를 낳았단다.

아들은 12명이고 딸은 1명이야, 맞지?

집안이 늘 북적대고 시끄러웠을 것 같아.

그래도 행복한 일이 많았을 거야. 우리도 그러잖아. 시끄럽고 복잡해도 식구가 많아서 좋은 일이 더 많지?

야곱에게 이렇게 많은 자식이 생겼다는 것은 하나님의 축복이라 생각해. 생명이 이 세상에 태어나는 일은 하나님이 기뻐하시는 일이거든? 생명은 하나님만이 만드실 수 있으니까... 기도하자.

기도해요

하나님께서 우리 가정에 식구들이 많게 해 주셔서 감사합니다. 또 모두 하나님을 믿게 해 주신 것도 감사해요.

야곱이 외삼촌의 집에서 힘들고 외롭게 지낼 수도 있었지만, 하나님은 야곱에게 많은 복을 주셔서 어려운 일들을 잘 견디게 해 주신 줄 알아요.

시간이 흘러 지난 일들을 돌아보며 생각해 보니 하나님이 우리에게 베풀어 주신 복들이 얼마나 많았는지... 왜 지금에서야 깨달아 지는지 부끄럽고 죄송해요. 야곱도 순간마다 힘든 일들이 있었을 때 어쩌면 하나님을 잊고 실망하고 슬퍼했을 거예요. 그럴 때 하나님은 야곱을 찾아 가시고 위로도 해 주시고 친구도 되어 주시면서 어려운 일들을 지혜롭게 견디는 법을 알려 주셨지요.

우리 식구 모두는 야곱에게 하신 하나님의 일들을 감사하며 기뻐하기로 했어요. 왜냐하면 야곱을 지켜주신 하나님이 지금도 우리 곁에 계시다는 걸 믿으니까요.

열심히 우리의 할 일들을 해 낼수 있게 오늘도 도와 주세요. 예수님 이름으로 기도 드립니다. 아멘

야곱이 라반을 떠나다

성경읽기 : 창세기 31장 1절 ~ 55절

성경 이야기

　야곱은 삼촌인 라반에게 자신이 일한 대로 값을 달라고 청했단다. 오랜 세월 외삼촌 라반은 야곱이 일한 값을 정직하게 주지 않았던 모양이야. 야곱과 외삼촌 라반이 서로 계약을 맺고 야곱은 지혜를 발휘해서 재산을 조금씩 늘어 갔단다. 그래서 마침내 야곱은 큰 부자가 되었어. 그런데 이때 외삼촌 라반과 그 아들들이 야곱을 시기하게 되었지 뭐니. 그래서 야곱은 외삼촌 라반의 집을 떠나기로 결심하였단다.

　외삼촌이 자기에게 억울하게 한 일들을 하나님이 갚아 주시리라 야곱은 믿었지.

　이러는 중에 야곱은 외삼촌 라반에게 알리지 않고 도망을 하였지. 외삼촌 라반은 3일이 지나서야 그 사실을 알고 야곱을 쫓아가 만났단다. 야곱과 외삼촌 라반이 만나서 서로 다툴 수도 있었지만 하나님은 서로 이해하고 좋은 마음으로 헤어지도록 하셨어. 두 사람은 하나님을 중심으로 약속을 하고 기념이 될 기둥을 세우고 좋은 마음으로 화해를 했단다.

야곱은 하나님께 예배를 드리고 식구들과 떡을 먹으며 외삼촌과 하룻밤을 보냈어. 다음날 라반은 야곱의 식구들에게 축복하고 떠났단다.

기도해요

야곱은 오랜 세월 외삼촌과 살면서 힘들게 고생도 많이 했네요. 그래도 야곱의 곁에서 항상 지켜주신 하나님을 생각하며 감사해요. 야곱이 잘못도 했지만 하나님은 하나하나 고쳐 주시면서 깨닫게 하셨어요.

우리도 그렇게 바른 생각으로 잘못을 알고 고쳐가는 마음으로 인도해 주시리라 믿어요. 외삼촌 라반이 잘못을 뉘우치고 야곱에게 잘 대해 준 것도 하나님이 하신 일이지요?

우리가 모두 하나님의 마음을 갖고 있다면 이 세상에 마귀는 발 디딜 틈도 없을 텐데... 하는 생각을 했어요.

억울한 일을 당해도 사랑과 용서로 해결하는 법도 배웠어요. 하나님께서 억울한 사람들의 마음을 모두 알고 계시니까요.

우리의 마음이 오늘 하루 사는 동안 하나님의 마음을 조금이라도 닮는 복을 받게 도와 주세요. 예수님 이름으로 기도 드립니다. 아멘

야곱이 에서를 만날 준비를 하다

성경읽기 : 창세기 32장 1절 ~ 12절

성경이야기

야곱은 에서를 만날 일에 걱정이 앞섰단다.

오래 전 일이었지만 야곱이 형 에서를 속인 일이 있잖아? 생각
나니? 에서가 얼마나 억울해 했어? 야곱만 만나면 가만 두지 않
겠다고 찾아 다녔겠지? 그래서 엄마인 리브가와 아빠 이삭이 외
삼촌 라반의 집으로 야곱을 도망가게 한 거였잖아. 세월이 많이
흘렀어도 에서가 화를 안 풀었다면 큰일이다 싶으니까 야곱이 겁
을 먹은 거지. 야곱은 형이 400명을 거느리고 온다는 소식에 더
욱 놀라서 덜덜 떨다가 하나님께 기도를 하기에 이르렀단다.

우리가 항상 무슨 일을 겪을 때 먼저 해야 할 일이 기도고 나중
에 해야 할 일도 기도라고 생각해. 왜냐하면 우리는 하나님의 자
녀니까 늘 하나님께 여쭈어 보면서 살아야 하잖니? 내 속에 있는
마음을 그대로 두면 틀림없이 하와와 아담을 하나님으로부터 멀
리 떨어지게 했던 뱀의 말을 듣게 되니까....

야곱은 하나님께서 자기와 약속 하셨던 일을 말하면서 도와달
라고 기도를 했단다. 물론 하나님은 야곱의 기도를 들어 주시리

라 믿어. 하나님은 약속 잘 지키시기로는 1등 이시잖니? 기도하
자!

기도해요

야곱이 얼마나 마음이 불안하고 형 만날 일이 무서웠을까요?
우리도 엄마나 아빠께 잘못하고 엄마 아빠 몰래 지내다가 들통 나
면 그 때는 진짜 얼마나 겁이나고 무서운 가요?

하나님이 야곱에게 혼자가 아니라고 안심 시켜주신 일을 야곱
이 기억하고 하나님께 도움을 청하는 일은 잘한 일이예요. 이 생
각 저 생각 하다보면 이것도 저것도 해결이 안 되고 오히려 실타
래처럼 엉켜 버리거든요.

하나님은 우리의 해결사 시니까 지혜롭게 먼저 구원 요청을 하
는 것이 제일 잘 하는 일이라고 생각해요.

무조건 다 들어 주시지는 않아도 우리를 옳은 길로 이끌어 주
신다는 건 믿으니까요. 우리가 항상 바르게 살 수 있도록 도와 주
세요. 예수님 이름으로 기도 드립니다. 아멘

야곱이 브니엘에서 씨름을 하다

성경읽기 : 창세기 32장 13절 ～ 32절

성경 이야기

야곱이 자기보다 앞서 사람들과 예물을 형에게 보내놓고 밤이 새도록 하나님의 천사와 씨름을 하였어. 야곱은 하나님의 천사에게 자기를 도와주지 않으면 절대 보내주지 않겠다고 억지를 썼지. 천사는 야곱의 굳은 마음에 감동을 해서 야곱의 이름을 "이스라엘"이라고 바꿔 주면서 축복해 주었단다.

"이스라엘"이란 하나님과 사람들과 겨루어 이겼다는 뜻이야.

하나님은 야곱에게 에서와의 어려운 일들을 해결해 주시기도 하고 아브라함과 이삭에게 하셨던 약속들을 지켜주신 거란다. 우리가 우리도 모르는 사이에 하나님을 잊고서 살잖니? 그래서 어리석은 일을 하게 되고, 죄를 짓기도 하고 그러잖아. 그럴 때 하나님은 어디 계실 것 같니? 멀리 계실까? 아니면 아예 우릴 보시지도 않을까? 엄마도 때로는 그렇게 생각하고 하나님께 감히 기도할 마음을 잃어버릴 때도 많았지. 그러나 하나님은 언제나 우리 옆에 계신단다. 항상 늘...야곱을 보면 알 수 있잖아?

야곱이 실수하고, 형을 속이고, 아버지를 속상하게 했을 때에

도 하나님은 끝까지 지켜주셨지. 우리에게도 그렇게 하시리라 믿
어. 아마 너와 내가 지은 잘못을 모두 따지시고 벌을 주신다면 우
리는 아무도 살아남지 못할 걸? 사랑이 많으신 하나님께 감사기
도 드리자.

기도해요

변함없이 우리에게 사랑과 은혜를 주시는 하나님! 감사합니다.

우리도 야곱처럼 실수하고 거짓말도 잘 해요. 그래도 하나님은 끝까지 약속을 지켜 주시니까 얼마나 든든한지 정말 감사해요. 잘못을 알게 도와주셔서 실수 하거나, 죄를 짓거나 하는 일이 적어지도록 해 주시고, 오히려 죄와 싸워서 죄를 이길 수 있도록 용기를 주세요.

하나님을 기쁘시게 하는 방법은 우리가 하나님의 법을 잘 지켜서, 우리의 이웃과 서로 돕고 아름다운 세상을 만들려고 노력하는 모습일거라고 믿어요. 그렇게 되면 하나님을 몰랐던 사람들이 하나님을 알게 될 것이고, 이 세상에는 싸우고 미워하는 일이 정말 적어 질 거예요.

하나님은 아름다우신 분이세요.

아름다운 세상은 하나님의 마음으로 만들어 지니까 우리가 만들어 볼께요. 우리 마음이 하나님의 마음을 닮을 수 있다는 게 너무 신기해요. 오늘도 우리들의 마음을 지켜 주세요. 예수님 이름으로 기도 드립니다. 아멘

야곱과 에서가 만나다

성경읽기 : 창세기 33장 1절 ~ 20절

성경 이야기

하나님의 보호를 약속 받은 야곱이었지만 그래도 형 에서가 400명을 이끌고 오는 모습을 보고는 겁을 안 낼 수가 없었어. 레아와 라헬에게 자식들을 맡기고 앞으로 나아가며 형에게 계속 구부려 절을 하며 다가 갔는데, 뜻밖에도 에서는 야곱을 반갑게 끌어 안으며 입을 맞추고 울었단다.

서로 얼마나 보고 싶었겠니?

에서와 야곱은 이렇게 하나님의 은혜로 화해를 하고 사이좋게 지내게 되었단다.

사람의 마음을 움직일 수 있는 건 하나님 뿐 이라는 걸 다시 한 번 깨닫게 되는구나.

언제든지 하나님께 먼저 기도하고 하나님이 항상 우리를 지켜주신다는 믿음을 갖는 우리 가족이 되기를 기도하자.

하나님이 계시는 곳에는 언제나 평안과 기쁨만 있으니까 밉고 화가 나도 사랑으로 이해가 되는 기적이 일어나는 거란다. 하나님이 평화 그 자체시거든... 평화를 주시는 하나님께 기도 드리자.

기도해요

야곱이 집을 떠나 외삼촌의 집에서 고생하며 지내다가 고향으로 돌아와 드디어 형과 가족들을 만나게 되었네요.

처음부터 지금까지 하나님의 도우심이 없었다면 야곱은 정말 힘들고 지쳐서 실망하다가 하고 싶은 일도 못하고 포기하는 불행한 삶을 살았을 거예요.

한 사람 한 사람 모두에게 관심을 가지고 사랑으로 인도하시는 하나님이 계셨기에 오늘 기도하는 우리의 마음은 정말 기쁘답니다. 잘못한 동생을 용서하는 마음이 우리가 가져야 할 마음이지요. 잘못을 빌고 용서를 구하는 야곱의 마음도 우리가 가져야 할 마음이고요.

성경은 우리에게 하나님의 마음을 보여주는 거울 같아요.

성경이 이렇게 신기한 책인지 정말 몰랐어요.

성경은 우리에게 하나님을 알려 주어서 우리가 어떻게 살아야 할 것인지를 가르쳐 주는 선생님이세요.

이제부터 성경을 귀하게 보관하고 열심히 읽을 거예요.

우리의 결심이 흔들리지 않도록 도와 주세요. 예수님 이름으로 기도 드립니다. 아멘

디나가 부끄러움을 당하다

성경읽기 : 창세기 34장 1절 ~ 31절

성경 이야기

레아가 낳은 자녀 중에서 딸이 한 명 있었는데 이름은 디나라고 해. 야곱이 집을 짓고 살고 있던 세겜땅에 추장이 있었는데 디나를 보고 좋아하게 된 거야. 정식으로 결혼을 해야 하는데 추장은 그렇게 하지 않고 자기 마음대로 디나의 생각을 묻지도 않고 말이야, 디나를 데려갔지 뭐니?

디나도 화가 났고, 아버지인 야곱도 화가 났고, 나중에 소식을 들은 오빠들도 화가 났어. 그래서 오빠들은 세겜 사람들에게 할례를 하게 했고 그 틈을 타서 모두 죽여 버리는 끔찍한 일을 저질렀단다.

이 일은 그 지방 사람들의 마음을 화나게 해서 어쩌면 야곱의 식구들과 전쟁을 하려고 할지도 모르는 위급한 상황이 되었지. 야곱도 오빠들도 디나도 어쩌면 좋을까?

왜 이런 일이 일어났을까?

살다보면 생각하기도 싫은 어려운 일이나 답답한 일이 생기게 마련인데, 그 때마다 우리는 무엇을 해야 하는지 갈팡질팡 할 때가 많지?

우리에게 하나님이 계시니까 정말 다행이야, 그치?

우리가 이런 일을 겪게 되었다면 어떻게 했을까? 기도하자.

기도해요

세상에는 좋은 일도 있고 나쁜 일도 있게 마련이지요.

이런 일 저런 일을 겪으면서 그 때마다 우리가 해야 할 일이 무엇인지 하나님께서 가르쳐 주세요.

디나가 이런 나쁜 일을 겪게 되었는데 마음만 아프고 어찌해야 할지를 모르겠어요. 오빠들은 화가 나서 사람들을 모두 죽이는 무서운 죄를 지었어요. 우리들의 마음도 화가 나면 하나님도 생각나지 않고 내 마음이 시키는 대로 마구 죄를 짓고 말 거예요. 나쁜 일을 당해도 마음을 다스려 하나님의 말씀을 들을 수 있게 도와 주세요.

하나님은 이럴 때 내가 어떻게 하기를 원하실까 하고 기도하는 우리가 되고 싶어요.

언제나 우리 곁에서 우리를 지켜 주시는 하나님!

우리가 한 순간도 하나님을 잊지 않도록 성령님께서 가르쳐 주세요. 예수님 이름으로 기도 드립니다. 아멘

하나님이 야곱에게 복을 주시다

성경읽기 : 창세기 35장 1절 ~ 15절

성경이야기

야곱이 어찌할 바를 알지 못하고 걱정하고 있을 때 하나님은 야곱에게 찾아오셔서 아주 옛날에 하나님과 약속하였던 일을 기억나게 하셨단다.

옛날에 야곱이 산에서 혼자 자고 있었을 때 하나님이 사닥다리를 보여 주신 일이 있었잖아? 기억나니? 천사들이 오르락내리락 하며 내가 너를 지켜 줄테니 걱정 말라고 안심시켜 주었지. 그 때 야곱은 자기가 베고 잤던 돌베개를 세워 기념하고 하나님께 약속 했었어.

무사히 집으로 오게 하시면 이 곳에 하나님을 위해 단을 쌓고 예배를 드리겠다고 말이야. 그 약속을 하나님은 지키셨는데 야곱은 잊고 있었어.

디나가 슬픈 일을 당하게 되자 야곱은 절망하며 앞으로 어찌해야 할지를 알지 못하고 방황하는데 바로 그 때 하나님이 찾아 오신거야. 야곱을 다시 일으키시려고 말이야....진짜 짱이야!!! 우리 하나님은 ...

하나님은 야곱의 고민이 뭔지, 왜 슬픈지, 그리고 그 일을 어떻게 하면 해결 할 수 있는지, 모두 알고 계셨단다. 결정적으로 야곱은 하나님의 사랑과 관심 속에서 벗어난 적이 없었던 거야. 항상 야곱의 곁에 하나님이 함께 계셨던 거지.

엄마는 이런 하나님의 사랑이 너무 너무 고맙단다.

누구라도 내 마음을 알아주는 사람이 곁에 있다는 건 큰 행운인데, 하나님처럼 능력이 많으신 분이 항상 내 곁에 계시다고 믿어진다면 이건 정말 큰 복이야.

야곱에게 아브라함과 하셨던 약속과 이삭에게 하셨던 약속들을 다시 확인 시키시고, 야곱이 실수하고 잘못한 것들도 많지만 하나님은 끝까지 야곱을 지켜주시기로 하셨단다.

의리도 강하시지… 암만 ~ 기도하자, 의리의 하나님께….

기도해요

약속은 지키라고 있는 거지만 사람들은 너무 쉽게 지키지 않지요. 사랑할 만한 사람들만 사랑하는 것은 사랑이 아니지요. 용서해도 되는 사람은 당연히 용서해야 겠구요.

우리는 너무나 우리 입장만 생각해요.

야곱도, 우리도 하나님의 사랑과 용서를 받을 자격은 없다고 생각해요. 그런데도 하나님의 사랑 속에 살고 있는 우리가 이웃을 사랑하는 일에 게으르고, 용서해도 되는 사람을 뒤에서 흉보고, 없는 일을 만들어 내 마음의 분함을 해결하려고 합니다. 이런 것들이 옳지 않다는 것을 알게 해 주셔서 감사합니다.

　하나님의 법은 완벽하고 다른 어떤 법도 하나님의 법을 대신할 수 없죠. 법이 하나님이시고 하나님이 곧 법이신거죠.

　야곱은 행복한 사람같아요. 그러니까 우리도 행복해요. 모두 하나님 덕분입니다.

　약속을 지켜 가시는 하나님의 성실하신 모습을 찬양합니다.

　우리도 하나님의 이런 모습을 본받아 살도록 힘을 주세요. 예수님 이름으로 기도 드립니다. 아멘

에서의 자손들

성경읽기 : 창세기 36장 1절 ~ 43절

성경 이야기

에돔이라고 부르는 에서의 자손들이 기록되어 있는 성경인데, 에서는 같은 민족인 이스라엘 여자와 결혼하지 않고 가나안 땅의 여자와 결혼을 했단다. 거기다가 한 명이 아니라 여러 명의 부인이 있었기 때문에 자식들도 많았단다.

하나님이 택하지 않으셨지만 에서의 자손들에게도 은혜를 주셨다는 것을 오늘 성경을 보면 알 수 있어. 하나님을 믿는 우리들은 당연히 늘 감사하고 살아야겠지만, 하나님을 믿지 않는 사람들이라 할지라도 감사해야 한다고 생각해. 햇빛이나 비나 눈은 모든 사람들에게 골고루 내리는 하나님의 은혜니까 말이야. 우리 곁에 있는 모든 자연 환경도 하나님께 감사할 이유 중에 하나라고 생각해.

우리가 하나님의 깊으신 뜻을 잠시라도 생각해 본다면 우리의 사랑의 기준과 너무 다른 것을 깨달을 수 있을 거야. 이익이 되는 일은 즐겁게 하고 손해 보거나 기분 나쁜 일은 절대 안하는 우리와는 너무 다르시지? 에서가 그런 하나님의 뜻을 몰랐다는 것이 안타깝구나. 기도하자.

기도해요

하나님의 사랑은 우리의 머리로 추측하기 어렵고 우리의 가슴으로 가늠하기도 어려워요.

우리는 나를 사랑하는 사람을 사랑하고 나에게 축복하는 사람에게 축복하죠.

어떻게 하나님의 마음을 닮을 수 있을까요?

우리의 생각이 좁고 어리석어서 하나님의 말씀을 잘못 이해할 때도 있어요.

하나님의 말씀을 읽고 배울 수 있게 하심에 감사 드려요. 더 많이 하나님의 마음을 닮을 수 있도록 노력할께요. 성령님 우리를 도와 주세요. 예수님 이름으로 기도 드립니다. 아멘

요셉과 형제들

성경읽기 : 창세기 37장 1절 ~ 36절

성경 이야기

야곱은 아내들 중에 라헬을 가장 많이 사랑했는데 라헬의 아들 중에 요셉을 특히 예뻐했단다. 아마도 요셉은 아버지께서 자기를 제일 사랑하니까 형들이 잘못한 일들을 고자질 했을 것 같아. 왜냐하면 37장 2절에 형들의 잘못을 일렀다고 기록되어 있으니까 그렇게 생각할 수 있지? 그래서 형들이 미워했을 거야. 아버지한테 일러바치니까 싫었겠지. 그런데다가 요셉이 꿈을 꾼 이야기를 들은 형들은 난리가 났어.

글쎄 요셉의 꿈에 형의 볏단들이 요셉의 볏단에 절을 했다는 거야. 그리고 엄마, 아빠, 형들의 해와 달과 별들도 모두 자기를 향해 절을 했다고, 그런 꿈을 꾸었다고 말하니까 형들도, 엄마도, 아빠도 모두 기분이 나빴지 뭐니? 그래서 형들은 늘 마음에 요셉을 미워했을 거야.

어느 날 아버지 심부름을 간 요셉을 형들은 그만 장사꾼에게 팔아버리고 말았단다. 우리 생각에 도저히 이해가 안 가는 일이지만 요셉은 17살 어린 나이에 다른 나라 사람에게 은 20에 팔렸

어. 형들은 요셉이 짐승에게 공격당해서 죽은 것처럼 꾸며 아버지 야곱에게 거짓말을 했단다.

요셉은 애굽의 왕 바로의 신하인 시위대장 보디발의 집으로 팔려갔어. 얼마나 외롭고 슬프고 화가 났을까? 정말 불쌍한 요셉이야....

기도해요

요셉이 미움 받을 행동을 하긴 했지만 형들이 너무 했어요. 한 가족이잖아요. 어떻게 이런 일이 생길 수 있을까요? 서로 사랑하지 않으면 이런 무서운 일도 생기는구나 하고 깨달았어요. 누나랑 많이 싸우고 정말 밉기도 했는데 이젠 조심할 거예요. 혹시라도 우리 마음이 악한 생각으로 가득 차서 하나님 보시기에 화 나시는 일을 하게 될까봐 걱정스러워요.

화목하지 못한 집은 서로에게 불행만 가져다 주는 것 같아요. 형제 되고 자매된 것은 서로 사랑하고 의지하고 도와주는 일에 열심히 하라시는 하나님의 깊은 뜻이 있다고 생각해요.

지구에 있는 많은 사람들을 모두 도울 수는 없으니까 가족부터 서로 돕고 의지하는 것이 모두를 돕는 길이라고 생각해요.

악한 일에 앞장서지 않고 용감하게 잘못된 일이라고 말할 수 있는 사람이 되고 싶어요. 하나님이 도와 주세요. 예수님 이름으로 기도 드립니다. 아멘

유다와 다말

성경읽기 : 창세기 38장 1절 ~ 30절

성경 이야기

요셉이 팔려간 일이 있은 후에 요셉의 형 중에 유다라는 사람이 있는데, 유다가 형제들과 헤어져 살다가 가나안 사람인 수아의 딸을 보고 사랑을 하게 되었지. 그래서 엘과 오난과 셀라를 낳았단다.

큰 아들의 아내로 다말이라는 여자를 데려와서 살게 하였는데 하나님께서 엘을 죽이셨다지 뭐니? 7절에 하나님께서 엘의 악함으로 인해 그를 죽이셨다....고 기록되어 있단다.

무슨 악한 일을 하여서 하나님의 마음을 노엽게 했을까?....

당시 이스라엘 결혼 관습은 큰 아들이 자식을 낳지 못하고 죽으면 둘째 아들에게서 낳아야 하고, 둘째 아들에게서도 아들을 낳지 못하면 셋째 아들에게서라도 다말이 낳아야 한다는 거야. 그런데 오난은 형의 아기를 낳지 않으려하다가 하나님의 노여움을 사서 죽었고 셀라는 아직 어려서 더 클 때까지 기다리기로 했단다. 두 아들을 잃은 유다도 슬펐고 남편을 잃고 시 동생들에게 무시 당하는 다말도 슬펐지.

세월이 흘러 셀라가 아기를 낳을 수 있는 나이가 되어도 유다가 다말에게 소식을 전하지 않자, 다말은 시아버지인 유다를 속여서 창녀처럼 꾸미고 함께 잠을 자게 되었어. 다 큰 남자랑 여자가 함께 잠을 자게 되면 아기가 생길 수도 있단다. 다말은 시아버지의 아기를 갖게 되었어. 유다의 자손이 생긴 거지. 나중에 이 사실을 알게 된 유다는 다말을 원망하지 않고 오히려 자기의 잘못을 깨달았단다. 약속을 지키지 않은 건 유다였으니까 말이야. 다말은 쌍둥이를 낳았어. 세라와 베레스를 낳았단다.

엄마는 하나님께서 유다를 통해 아브라함과 이삭과 야곱에게 약속하신 일들을 이루어 가신다는 생각을 했단다. 왜냐하면 하늘의 별처럼 많은 자손을 주시겠다고 얼마나 많이 약속 하셨니? 자손의 대를 이어가는 일은 하나님만이 하실 수 있는 일이거든? 사람이 태어나고 죽는 일은 오직 하나님만이 하실 수 있는 중요한 일이란다. 자손을 대대로 이어 갈 수 있는 일은 큰 복이지. 다말은 자신이 자손을 낳아야 한다는 책임을 갖고 있었던 것 같아. 반드시 유다의 자손으로 말이야. 시아버지의 아기를 낳는다는 일은 결코 쉬운 일은 아니지.

하나님은 유다로 하여금 자손을 잇도록 하셨고, 약속을 지키지 못할 상황에서도 꾸준히 지켜 가시는 모습을 우리에게 보여 주신 거란다.

기도해요

우리가 때때로 하나님의 말씀에 순종하지 않아서 하나님의 마음을 상하게 해드리기도 합니다. 하나님의 계획을 망가뜨리려 할 때도 많습니다. 알면서도 말 안 듣고 하지 말아야 하는 일을 하면서도 잘못을 몰라요. 그 때마다 하나님은 우리들을 바른 길로 인도해 주시죠.

하나님의 계획대로 안전하고 평안한 곳으로요. 감사합니다. 다 말이 한 일이 잘한 것인지는 저는 아직 잘 모르겠어요. 그러나 하나님의 약속은 계속 이루어진다는 것을 깨달았어요.

희망이 보이지 않아도 하나님의 약속을 의심하지 않겠어요.

믿음은 하나님께서 기뻐하시는 하나님의 선물이니까요. 예수님 이름으로 기도 드립니다. 아멘

요셉과 보디발의 아내

성경읽기 : 창세기 39장 1절 ~ 18절

성경이야기

요셉이 바로의 신하 보디발의 집으로 팔려갔지만 하나님은 늘 요셉의 곁에 계셨단다. 3절 말씀은 요셉이 얼마나 하나님의 말씀대로 잘 행동하고 살았는지를 한 눈에 알아보도록 기록한 부분이란다.

보디발은 하나님을 모르는 사람이었지만 요셉의 말이나 행동을 보고 하나님을 알게 되었어. 요셉을 보고 하나님이 정말 좋으신 분이고, 정직하고, 책임감 있는 의리 있는 분이구나 하고 감탄했겠지. 왜 우리도 예의바른 어린이를 보면 그 아이의 엄마나 아빠를 칭찬하게 되잖니? 요셉은 슬프고 외로운 자신의 처지를 하나님이 함께 하신다는 믿음으로 견디어 낸 거야.

보디발은 집안의 모든 살림을 다 ~ 요셉에게 맡겼단다. 다만 그의 아내는 아니었지. 그런데 요셉이 생김새도 매력이 있었나 봐. 보디발의 아내가 남편이 없는 틈을 타서 요셉을 유혹한 거야. 나쁜 일이지, 암만 ~

당연히 하나님의 사람인 요셉은 거절을 했고 보디발의 아내는

억울하고 창피한 마음에 요셉을 미워하게 되었어. 결국은 거짓말
로 요셉에게 죄를 뒤집어 씌워서 감옥에 가게 했단다.

참 세상에 어찌 이런 일이 있을 수 있냐?

보디발도 그렇지, 요셉을 믿었으면 끝까지 믿어야지, 영 ~ 맘
에 안 들어... 요셉이 감옥에 갇혔어도 걱정하지 말자. 하나님이
누구냐? 요셉이 억울한 거 다 아시니까 요셉이 잘 견디고 믿음을
잃어버리지 않기를 바랄 뿐이야. 기도하자.

기도해요

세상에는 억울한 일이 많지만 요셉의 경우는 너무 억울해요, 하나님!

형들이 팔아버린 것도 분하고 슬픈데 열심히 하나님의 말씀 따라 살려하는 사람을 치사하게 모함을 하다니요. 하나님께서 왜 그 자리에 안 나타나셨어요? 요셉의 억울함을 풀어 주실 분은 하나님뿐인데요.

우리는 참을성도 부족하고 바로 다음 일도 알지 못하고 지혜도 부족해서 요셉과 같은 이런 일을 당하면 정말 속상할 거예요.

요셉의 마음이 얼마나 아팠을까요?

그래도 하나님이 아시니까 조금은 위로가 되네요. 하나님을 믿을께요. 요셉이 그랬던 것처럼요.

어느 순간에도 절대로 변하지 않으시는 하나님께 찬양 드립니다.

예수님 이름으로 기도 드립니다. 아멘

요셉이 관원장의 꿈을 해석해 주다

성경읽기 : 창세기 39장 19절 ~ 40장 23절

성경 이야기

옥에 갇힌 요셉은 거기서도 모범생이었나봐. 옥의 간수장이 요셉을 믿고 옥중 죄수를 다 요셉의 손에 맡겼단다.

중요하게 기억해야 할 일은 하나님이 요셉과 함께 계셨다는 거야. 요셉을 사랑하시는 하나님은 옥의 간수장에게 요셉이 인정받고 사랑을 받도록 하신 거지. 하나님께서 요셉이 억울하게 감옥에 갇히기는 하였어도 하나님이 지키는 사람은 어디서든지 형통한다는 사실을 보여 주셨단다.

부자로 자유롭게 살아도 불행한 사람들이 있는가 하면, 밥을 못 먹어 배가 고프게 살아도 행복하고 감사한 마음으로 사는 사람도 있는 것처럼, 요셉은 비록 감옥에 갇혀 있었어도 감사하고 행복했단다. 인정을 받고 사랑을 받는다는 것은 돈으로 살수 있는 일이 아니니까 귀한 것이야. 하나님의 은혜가 아니면 어찌 우리가 서로 사랑하고 이해할 수 있겠니? 하나님의 은혜는 사랑하고 용서하는 그 자체야.

요셉이 어려운 가운데서도 여러 사람에게 도움을 주고 기뻐할 수 있었던 것은 하나님의 은혜로 말미암았다고 생각해. 감옥에 임금님의 술과 떡을 관리하고 만드는 사람 두 명이 들어왔어. 무슨 잘못을 했는지는 모르겠지만 둘 다 감옥에서 요셉과 함께 생활을 하고 있었지.

어느 날 그 두 사람이 같은 날 꿈을 꾸었는데 그 꿈이 무슨 뜻이 있는 건지 도통 알 수가 없었던 거야. 그 때 요셉이 그 꿈을 해석해 주었어. 요셉에게 하나님이 꿈을 해석할 수 있는 능력을 주신 거지. 꿈을 해석해 준 그대로 술 맡은 관원장은 다시 궁궐에서 일 하게 되었고 떡을 맡았던 관원장은 사형을 당했단다. 술 맡은 관원장이 궁궐로 들어 갈 때 요셉은 부탁했지, 나를 기억해 달라고 말이야. 그리고 시간이 흘러 2년이나 지나가 버렸단다. 요셉이 실망할 수도 있었고 기다리다 지쳐 있을 수도 있는 시간이었지만 그래도 요셉은 자기의 할 일들을 게으르지 않고 성실하게 잘 감당하고 있었단다. 하나님이 그러신 것처럼 말이야....

기도해요

요셉의 이야기를 들으면서 많은 생각을 했어요.

어린 나이에 노예로 팔려가서 온갖 고생을 다 하더니 하나님의 은혜로 인정받고 잘 사는가 했는데, 고약한 보디발 부인의 악한 마음 때문에 감옥에 들어간 요셉... 긴 시간이 흘러가도 하나님의 사람으로 해야 할 일들을 잘 할 수 있게 힘을 주신 하나님.... 임금님의 관원장을 만나고 꿈을 해석해 주고 한 명이 궁궐로 들어가고... 흘러가는 시간 속에 그저 최선을 다하는 요셉의 모습을 보며 하나님의 계획은 우리의 생각과 많이 다를 수 있구나 하는 생각이 들어요.

어리석은 줄 알지만 내가 하나님이라면 요셉의 어려운 일을 한 번에 해결해 주었을 거예요. 앞 뒤 생각 안하고요.

그러나 하나님은 우리가 보고 듣는 것들보다 훨씬 많은 것들을 보시고 들으시니까 눈앞의 일만 보는 저희들과는 차원이 다르시겠지요. 하나님의 뜻을 생각하고 순종하는 우리가 되도록 도와 주세요. 우리의 믿음이 자라날 수 있게 성경을 많이 열심히 읽을 때 지혜를 주세요. 그리고 이제까지 하나님의 말씀을 배울 수 있는 기쁨을 주셔서 감사해요. 하나님! 감사해요. 예수님 이름으로 기도 드립니다. 아멘

요셉이 바로의 꿈을 해석해 주다

성경읽기 : 창세기 41장 1절 ~ 57절

성경 이야기

술 맡은 관원장이 궁궐로 들어간 지 2년 정도 지났을 때 애굽의 왕 바로가 이상한 꿈을 꾸고는 답답해 하고 있었단다. 애굽 사람 중에 아무도 왕이 꾼 꿈을 해석하지 못하니까 답답했겠지.

마침 이 소식을 들은 술 맡은 관원장이 왕에게 요셉의 이야기를 하게 되었어. 드디어 왕과 요셉이 만나게 되었지. 하나님은 요셉으로 하여금 왕의 꿈을 멋지게 해석하도록 지혜를 주셨고, 이 일로 요셉은 바로왕의 사랑과 믿음을•얻게 되었단다. 요셉이 애굽 나라 왕의 신임을 받는다는 것은 큰 의미가 있는 거야. 왜냐하면 요셉을 통해 하나님의 일들이 펼쳐질 거니까...

형들의 모함과 미움으로 요셉은 실망, 슬픔, 원망, 분노 등등등... 얼마든지 자기의 삶을 나쁜 쪽으로 생각하며 살 수 있었지만 하나님은 요셉을 하나님 품안에 두시고 보호해 주셨단다. 아브라함과의 약속과 이삭과의 약속을 지키시는 하나님의 성실하신 모습이 보이지?

야곱의 식구들을 무서운 가뭄 가운데서 구출 하시고 먼 훗날

하나님의 큰 구원의 일을 이루시기 위한 예수님의 탄생을 지켜 가

시는 거야.

　이제 창세기를 거의 끝내면서 엄마는 점점 더 감격스러워 지는

것을 느낀단다.

하나님은 역시 하나님이시라는 걸 찬양하고 싶어.

너에게 하나님을 소개하고 하나님을 이야기 할 수 있다는 게 얼마나 큰 기쁨인지 몰라. 바로왕은 요셉이 해석해 준 꿈의 내용을 듣고 앞으로 되어질 모든 일들을 요셉이 하도록 했어. 그리고 왕 다음으로 높은 총리가 되었단다.

7년 동안의 풍년에는 곡식을 모아 저장해서 7년 동안의 가뭄을 견디도록 했지.

이제 누구도 하나님의 사람 요셉을 얕보는 사람은 없겠지?

기도해요

처음에는 요셉만 보였는데 이제는 하나님이 보여요.

신기하죠? 하나님의 크신 모습이 제 앞에 보이네요. 잠시 지나가는 고생을 죽겠다고 못 견디고, 잠시 후 일어날 일을 마치 아는 것 마냥 혼자 결정하고 후회하는 우리의 모습이 얼마나 어리석게 느껴지는지요.

우리가 믿어도 전혀 손해가 없으신 하나님!!!

친구들에게 아브라함과 이삭과 야곱과 요셉의 이야기를 해 줄 생각이예요. 아마도 제가 더 신나서 기뻐 할 것 같아요. 얼마 남지 않은 창세기의 이야기를 빨리 듣고 싶어요.

하나님은 순간마다 우리를 놀라게 하시고 기쁨을 주시네요. 요셉이 고생한 일들이 결국은 이스라엘에 대한 하나님의 사랑을 알게 되는 참고서 같은 거네요. 우리도 요셉처럼 하나님의 일을 감당하는 일꾼으로 사용해 주세요. 고생스럽더라도 신나고 행복할 거예요.

하나님의 깊으신 뜻을 이루워 드리기 위해 오늘도 내일도 참고 열심을 낼께요. 하나님만 우리 곁에 계셔 주세요. 예수님 이름으로 기도 드립니다. 아멘

요셉의 형들이 애굽으로 가다

성경읽기 : 창세기 42장 1절 ～ 25절

성경 이야기

　7년의 풍년이 끝나고 7년의 흉년이 시작되자 애굽과 이웃의 모든 크고 작은 나라들이 살기가 무척 어려워지기 시작했단다. 요셉의 아버지인 야곱과 형들, 그리고 동생 베냐민도 사정은 마찬가지였어.

　생활이 점점 어려워지자 야곱은 요셉의 형들을 곡식이 많다는 애굽으로 보내어 곡식을 사 오도록 하였단다. 요셉이 애굽에서 총리가 된 줄은 아무도 몰랐지. 베냐민을 뺀 10명의 형들이 요셉이 살고 있는 애굽으로 내려갔어.

　요셉이 오래전 꿈을 꾼 내용대로 형들은 요셉의 발 앞에 절을 하며 곡식을 사러 왔다고 말했단다. 요셉은 형들을 알아 보았지만 형들은 요셉을 알아보지 못했어. 요셉은 동생 베냐민이 보이지 않자 형들에게 가짜로 누명을 씌워 혹시 첩자가 아니냐고 엄하게 말하고, 10명중에 1명만 남고 가서 아우를 데려오면 첩자가 아닌 줄 믿어 주겠다고 했어. 형들은 그 때 옛날 요셉을 장사꾼에게

팔아버렸던 일을 기억하고는 서로 후회하였단다. 그 때 지은 죄를 지금 받고 있는 것이라고 말이야. 우리도 우리의 지은 죄를 회개하면서 기도 드리자.

기도해요

요셉이 꾸었던 그 옛날의 꿈이 드디어 현실에 이루어졌습니다.

요셉이 살아 있는 것과 애굽의 총리가 된 것과 다시 만나게 될 일들을 전혀 모르는 형들 앞에 요셉의 마음이 많이 아팠을 거예요.

기나긴 세월이 흐르는 동안 요셉을 지켜주신 하나님께서 요셉의 마음에 원수를 갚는다든지 형들에게 화풀이를 한다든지 하는 마음을 갖지 않도록 위로해 주세요. 용서할 수 있는 마음은 하나님만이 하실 수 있으니까요.

우리 마음에도 용서할 수 있는 마음을 많이 가지도록 도와 주세요. 예수님 이름으로 기도 드립니다. 아멘

요셉의 형들이 가나안으로 돌아오다

성경읽기 : 창세기 42장 26 ~ 38절

성경 이야기

요셉의 형들이 야곱에게 돌아와 애굽에서의 일을 말했어. 아버지 야곱은 베냐민을 데려가야 한다는 말에 놀라고 화가 났지.

옛날에 요셉을 잃어버린 일을 생각만 해도 화나고 슬픈데, 이제 베냐민까지 잘못되면 어쩌나 하는 마음에 절대로 베냐민을 데려갈 수 없다고 야단이었어. 하지만 형들은 요셉에게 정탐꾼으로 오해를 받은 일도 있고 곡식이 곧 떨어지면 걱정이니까 베냐민을 데리고 무사히 다녀오겠다고 아버지 야곱을 설득 했단다.

형들의 마음도, 아버지 야곱의 마음도 정말 갈팡질팡 했을 거야. 이럴 때는 우리가 어떻게 해야 하는지 같이 기도해 보자.

기도해요

잘못을 하고 또 그것이 잘못인 줄 알아도 용서 받을 때가 지나버리면 어찌 해결해 나가야 할지 막막하죠. 요셉의 형들이 그랬을 거예요. 잘못을 끝까지 숨기려고 하면 본인의 마음이 얼마나 괴로운지 조금은 알거든요.

하나님께서 우리에게 잘못한 일은 잘못 했다고 말할 수 있는 용기를 주시고 잘못을 말하는 사람을 용서할 수 있는 넓은 마음도 가질 수 있도록 도와 주세요.

하나님을 믿는 많은 사람들이 하나님의 마음을 갖고 살고 싶어도 우리가 악하고 어리석어서 뱀의 마음을 따를 때가 많아요. 서로 악한 일을 멀리하고 돕고 용서하며 사랑하는 일에 열심을 내도록 우리에게 용기를 주세요. 예수님 이름으로 기도 드립니다. 아멘

형들이 베냐민을 데리고 애굽으로 가다

성경읽기 : 창세기 43장 1절 ~ 34절

성경 이야기

요셉의 동생인 베냐민을 데리고 애굽으로 오게 된 형들은 여전히 요셉을 무서워 했어. 베냐민을 보게 된 요셉은 형들과 베냐민을 자기 집으로 들어오게 하고 음식을 준비 시켰단다. 형들에게 아버지 야곱의 소식도 물어보고 맛있게 차린 음식을 함께 먹으며 즐거운 시간을 보내기는 했어도 동생 베냐민을 보고는 울음을 참지 못했단다. 잠시 다른 곳으로 가서 울고 돌아올 정도로 요셉의 마음은 슬픔과 기쁨이 뒤 섞여 있었어.

지금 형들의 마음도 어리벙벙 했을 거야. 참 아름다운 광경 아니니? 아버지를 걱정하는 아들이 있고, 형제를 사랑하는 사람이 있으니 얼마나 아름다운 모습이니. 우리 가정도 지금보다 더 많이 사랑하는 가정이 되자!

기도해요

요셉이 다시 식구들을 보게 된 것은 생각지도 못한 일이었겠지만 하나님의 오랜 계획 속에 이루어진 일이라는 것을 알았을 거예요.

요셉의 이야기를 읽고 듣다 보면 우리가 너무 하나님의 세상을 좁게 생각하고 살았다는 반성을 하게 돼요.

좋은 일이 생기면 온 세상이 다 나를 축하해 주는 것처럼 의기양양하다가도, 나쁜 일이 생기면 금방 풀이 죽어 세상 속에 혼자 외톨이가 되어서는 온갖 슬픔을 다 끌어안고 있는 것처럼 생각하고 말이에요.

그러나 하나님!

즐거울 때나 슬플 때나 한결같은 마음으로 하나님을 사랑할 힘을 주세요. 우리에게 꼭 필요하답니다. 그리고 부모님과 형제들을 요셉이 한 것보다 더 사랑할 수 있도록 도와 주세요. 예수님 이름으로 기도 드립니다. 아멘

은잔이 없어지다

성경읽기 : 창세기 44장 1절 ~ 34절

성경 이야기

음식을 먹고 즐긴 후 형들은 넉넉한 곡식을 가지고 가나안으로 돌아가게 되었단다.

요셉은 친 동생 베냐민의 자루에 자기의 은잔을 넣어 도둑의 누명을 씌운 후 형들과 함께 다시 돌아오게 했어. 베냐민이 도둑으로 몰리면서 애굽에 잡혀 있게 되자, 형제 중 유다가 베냐민을 놓아 주면 대신 자기가 종이 되겠다고 간절히 부탁하게 되었지. 베냐민은 아버지 야곱이 제일로 사랑하는 아들이며 베냐민이 잘못되면 아버지께로 돌아갈 수 없다고 형 유다가 말하였단다. 베냐민을 구하려고 노력하는 형들의 아름다운 모습을 본 요셉의 마음이 정말 기뻤을 거야.

지난 날 자기를 애굽의 장사꾼들에게 팔아버렸던 일을 기억해 보면 지금의 형들의 모습과는 정 반대의 모습이기 때문에 마음에 깊은 감동을 받았을 거라는 생각이 들어. 요셉의 마음으로 기도해 보자.

기도해요

유다의 아름다운 마음은 정말 감동적입니다.

오래 전 요셉을 상인들에게 팔았던 모습은 정말 용서 받지 못할 일이었지만, 이제 베냐민을 통해 아버지 야곱의 마음을 살피게 되었고 동생을 살리고 자신이 희생하려 한 유다의 그 마음은 모든 형들의 마음일 거예요.

잘못은 누구나 할 수 있지만 돌이켜 잘못을 뉘우치는 사람은 얼마 없지요. 우리가 유다의 모습을 보며 잘못한 일에 대해 인정하고 바로 용서를 구하는 자세를 가질 수 있도록 도와 주세요. 예수님 이름으로 기도 드립니다. 아멘

요셉이 형제들에게 자기를 밝히다

성경 읽기 : 창세기 45장 1절 ~ 28절

성경이야기

요셉은 형들이 베냐민과 아버지를 생각하는 아름다운 현장에서 더 이상 울음을 참지 못하고 주위 사람을 다 물러가게 한 다음 자기가 요셉인 것을 말하였단다. 그 때 얼마나 크게 울었던지 요셉의 울음소리가 바로 궁궐에 까지 들렸다고 써 있어.

요셉은 놀라서 한 마디도 못하는 형들에게 자기가 애굽으로 팔린 것은 하나님이 하신 일이고, 흉년이 들어 농사를 짓지 못할 이때에 자기를 통해 이스라엘을 보존하기 위한 하나님의 놀라운 은혜라고 말했단다.

요셉은 정말 아름다운 청년이야. 멋지지 않니?

바로는 요셉에게 형제들이 왔다는 소식을 듣고 온 식구들을 애굽으로 오게 해서 좋은 땅을 줄 터이니 다 함께 살라고 했단다.

이 소식을 전해들은 아버지 야곱은 너무 기뻤지. 요셉이 살아 있다는 사실 하나만으로도 아버지 야곱은 더 이상 바랄게 없을 정도로 행복 했단다.

하나님을 믿고 자기에게 닥친 어려운 일들을 오히려 감사하고 있는 요셉의 아름다운 마음을 닮고 싶구나. 기도하자.

기도해요

하나님을 믿게 되면 생각 주머니도 마음의 방도 자꾸 커져서
이웃과 나누어도 남을 만큼 넉넉해 진다는 것을 알았어요. 요셉

이 고생한 일들을 오히려 하나님의 뜻으로 돌리고 형들을 용서하는 모습은 정말 감동이예요. 누가 알았을까요, 요셉이 총리가 될 줄을! 가뭄으로 먹을 것이 없는 가족을 구할 줄을...

오늘부터는 하나님의 마음을 알기 위해 많이 노력할께요. 참는 것과 용서하는 일, 그리고 사랑하고 돕는 일에 최선을 다 하려고 해요. 요셉이 모든 고난을 견디고서 결국은 하나님의 이름을 드러낸 것 처럼요.

우리를 통해 하나님의 이름이 높아지도록 노력할께요.

도와 주세요.

행복의 열쇠는 하나님께 있습니다. 예수님 이름으로 기도 드립니다. 아멘

야곱일행이 애굽에 이르다

성경읽기 : 창세기 46장 1절 ~ 47장 12절

성경이야기

바로왕은 요셉의 형제들이 애굽에 내려와 살 수 있도록 허락하였고 요셉의 형제들은 아버지 야곱에게 이 사실을 알렸단다. 야곱은 가족들을 이끌고 집을 떠나 브엘세바라는 곳에 이르렀는데 그 곳에서 예배를 드렸어. 이 때 하나님께서 야곱에게 나타나셔서 애굽으로 내려가라고 하셨단다. 하나님이 함께 하시겠다고 약속 하셨지.

하나님은 마음이 참 넓으셔. 때때마다 찾아 오시고, 안심 시켜주시기도 하고, 힘을 낼 수 있게 용기도 주시고 말이야.

애굽으로 내려간 야곱의 일행은 모두 70명이었어. 고센이라는 좋은 땅에서 야곱과 그 식구들이 살게 되었고 라암셋이라는 땅도 갖게 되었단다. 요셉 한 사람으로 인해 야곱의 식구들은 편하고 행복한 생활을 하게 되었지. 기도하자.

기도해요

요셉에게 주신 믿음과 지혜를 얻고 싶어요 하나님!

요셉처럼 사랑 받고 싶어요!

베풀면서 행복하게 살 수 있는 세상을 만들고 싶어요!

희망을 버리지 않고 기도하며 하나님께 인정받도록 노력할 거예요. 가만히 앉아 먹을 것이 떨어지기를 바라는 게으른 행동은 하지 않겠어요.

지금까지 창세기를 공부하면서 깨달은 것은요, 하나님은 우리가 노력하고 어려움을 견디어 내기를 바라신다는 것을 알게 된 거예요. 견딜 수 있는 힘도 하나님이 주시니까 결국 우리가 할일은 믿음을 가지고, 하나님을 사랑하고, 기다리며 시간마다 최선을 다 하는 거네요.

어쩌면 지금 이 시간이 제일 소중한지도 모르겠어요.

나만 위해 살지 않겠어요.

요셉처럼 가족과 이웃들과 우리 민족을 위해 꼭 필요한 사람이 되도록 하나님이 도와 주세요. 맨 날 도와달라고만 해서 죄송해요. 예수님 이름으로 기도 드립니다. 아멘

기근이 더 심해지다

성경읽기 : 창세기 47장 13절 ~ 26절

성경 이야기

가뭄이 오래 계속 되는 동안 온 땅에 먹을 것이 없어 모두가 살기 힘들어 졌단다. 그러나 요셉에게는 먹을 양식이 많이 있었기 때문에 이집트와 가나안의 돈이란 돈은 다 모으게 되었지.

각처에서 먹을 양식을 사러 요셉이 있는 애굽으로 오니까 요셉이 바로 왕에게 돈을 벌게 해 준 결과가 된 거지, 뭐.

먹을 양식을 사느라 돈이 다 떨어진 사람들은 가축을 주기도 했고 땅을 주기도 했단다.

요셉은 이집트의 땅을 모두 사 들여서 백성들을 노예로 만들었고, 그들이 농사지은 것의 오분의 일을 왕에게 바치게 하고 오분의 사는 백성들이 갖도록 했어.

요셉으로 하여금 큰 재난을 면하고 오히려 많은 재산을 갖게 된 왕을 생각하면 행복하겠구나, 하는 생각이 들긴 하지만 하나님께서 그 큰 일들을 요셉을 통해 하셨다는 사실이 정말 놀라워. 하나님은 형제들에게서 버림받고 팔려버린 요셉을 버려두지 않으시고 보살피시며 높여 주셨지.

우리에게 크고 신비로운 계획을 갖고 계신 하나님을 믿고 하루

하루 최선을 다해 보자구나. 기도하자.

기도해요

요셉의 살아온 세월을 돌이켜 보니 하나님이 그를 지켜주셨고 높여 주셨습니다. 우리를 이 순간까지 지켜주시고 보호해 주셨음을 머리 숙여 감사 드립니다.

하나님은 약속을 바꾸지 않으시는 분이시기에 우리는 온 마음을 다 드려 섬기려 합니다.

아담 때부터 요셉에 이르기까지 하나님의 사람들을 인도하시는 모습을 공부하면서 우리가 하나님을 믿게 된 일에 감격하고 있답니다.

하나님의 행하신 놀라운 일들을 나를 통해 세상에 알리게 허락해 주시고 더 많은 사람들이 하나님의 자녀로 돌아올 수 있기를 소원합니다.

우리를 사용해 주시옵소서. 예수님 이름으로 기도 드립니다. 아멘

야곱의 마지막 소원

성경읽기 : 창세기 47장 27절 ~ 31절

성경 이야기

야곱 식구들이 애굽의 고센 땅에서 산 지 17년이 되었을 때 야곱의 나이는 147세였어.

죽을 때가 다 된 줄을 알게 된 야곱은 요셉에게 자기가 죽으면 애굽에 장사하지 말고 고향으로 가서 조상의 묘에 묻어 달라고 했단다.

야곱은 지금까지 함께 해 주신 하나님의 사랑을 자손들이 알기를 원했고, 세상의 다른 신들을 섬기게 되는 일이나 하나님의 백성들이 하나님을 알지 못하는 백성들의 행동을 따라 하지 않기를 바랐을 거야. 약속의 땅인 고향에 묻히고 싶은 야곱의 간절한 마음이 전해지는 것 같구나....

야곱이 사는 동안 하나님은 야곱을 구별해서 보호 하셨단다.

지금 우리도 마찬가지야. 우리를 구별해서 지켜주시는 고마우신 하나님께 기도하자.

기도해요

흉년 가운데서 이스라엘을 지키시고 요셉을 일찍이 애굽으로 보내셔서 하나님의 백성들을 지켜주신 하나님!

야곱은 죽음을 앞두고 자신을 고향의 조상들 곁으로 데려가기를 소원했습니다.

우리가 지금은 서로 각기 흩어져 살아도 영원히 살 곳은 하늘나라라는 사실을 믿고 있습니다.

야곱이 조상들이 묻혀있는 곳으로 가고 싶어 하는 그 마음은 하나님께로 향한 믿음이고 하나님의 백성으로 살기를 애쓴 마음의 고백이라고 생각합니다.

이 세상은 잠시 머무는 곳이라고 하신 말씀을 되새기어 우리가 가게 될 천국을 소망하며 오늘 최선을 다하려고 하오니 열심을 주세요. 예수님 이름으로 기도 드립니다. 아멘

야곱이 에브라임과 므낫세에게 축복하다

성경읽기 : 창세기 48장 1절 ∼ 22절

성경 이야기

야곱이 요셉의 아들들에게 축복을 해 주었는데 하나님을 믿는 아버지가 자녀들에게 복을 빌어준다는 것은 기쁜 일이었단다. 하나님은 아담을 만드시고 셋과 노아와 아브라함을 지켜주시면서 가정마다 아버지의 권위를 높여 주셨어. 아담 이후의 자손들은 모두 하나님의 자녀들로서 하나님의 보호와 사랑을 받을 수 있었지. 그 사랑과 보호를 바로 큰 아들, 한 가정의 아버지가 대신 하면서 하나님의 일들을 이끌도록 하셨단다.

죽기 전에 자녀들에게 복을 빈다는 것은 그런 의미에서 큰 경사였지. 요셉에게 므낫세와 에브라임이라는 두 아들이 있었는데 이상하게도 야곱은 에브라임과 므낫세를 바꾸어서 기도를 했어. 요셉이 첫째와 둘째가 바뀌었다고 했는데도 야곱은 에브라임을 먼저 므낫세를 나중으로 했지 뭐니. 그러고 보면 옛날 야곱도 에서의 동생으로 태어났는데 장자의 축복을 동생인 야곱이 받았잖아, 그렇지?

태어난 순서대로 복을 받는 건 아니듯 싶어.

에브라임은 므낫세보다 더 큰 자가 될 것이고 므낫세도 큰 민족을 이루고 살게 될 거라고 했단다.

하나님의 계획 속에 순종하고 처음이 되든 나중이 되든 맡은 일에 최선을 다하는 우리가 되도록 노력하자꾸나. 기도하자.

기도해요

야곱이 손자들을 축복하는 일은 하나님이 주신 아름다운 복이예요. 하나님을 대신해서 자녀들에게 축복해 주는 아름다운 일을 우리도 할 수 있겠지요? 될 수 있으면 많은 사람들이 하나님의 복을 받았으면 좋겠어요. 그렇게 되면 이웃을 사랑하려고 노력하게 되고 원수를 용서해 주고 어려운 이웃에게 나누어 주는 일들이 많아 질 거니까 자연히 살기 좋은 세상이 될 거잖아요?

우리도 이 세상을 떠나게 될 때 하나님을 사랑한 그 마음을 간직하고 후손들에게 아름다운 믿음을 유산으로 물려 줄 수 있도록 노력하고 싶어요. 믿음의 유산을 남길 수 있게 도와 주세요. 예수님 이름으로 기도 드립니다. 아멘

야곱의 유언과 죽음

성경읽기 : 창세기 49장 1절 ~ 33절

성경 이야기

아들들을 한 곳에 불러 모은 야곱은 차례대로 축복 기도를 해 주었단다. 르우벤, 시므온, 레위, 유다, 스불론, 잇사갈과 단, 갓, 아셀, 납달리, 그리고 요셉과 베냐민까지...

야곱의 12명의 아들들은 이스라엘의 12지파가 되었고 각기 맡은 일들이 달랐지. 각자 자신들이 행동한 대로 복도 받고 야단도 맞고... 그랬어.

엄마는 야곱의 기도를 읽으면서 후회되는 일들이 많이 생각났단다. 조금만 참고 있었으면 친구의 마음을 그렇게 아프게 하지는 않았을 걸... 말을 너무 생각없이 해 버려서 실수 한 일들.... 더 기다렸다면 만날 수 있었는데 기다리지 못해 만나지 못했던 일들...... 기타 등등.... 아쉬운 마음이 많단다.

하나님 앞에 서게 될 때 창피한 일이 더 많을 것 같으니 어쩜 좋으니? 이제라도 늦지 않았으니까 정신을 차리고 말도 행동도 조심 또 조심해야겠어.

야곱은 자기가 죽으면 아브라함이 사 놓았던 땅에 묻어 달라고 부탁했는데 아마도 하나님의 백성으로 살다가 죽은 조상들이 묻혀있는 곳에 함께 있고 싶어서 일거야. 우리도 하나님을 믿는 사람을 만나면 한 번도 본적이 없었는데도 무조건 반갑지? 그건 우리가 하나님 안에서 하나임을 알기 때문이야. 야곱도 하나님의 사람으로써 같이 묻히고 싶고 함께 뭉쳐 있고 싶었을 거야.

하나님께서 아브라함도, 이삭도 그리고 야곱도 한결같이 사랑하시고 지금까지 이끌어 주셨는데, 조금도 부족하지 않게 또 너무 넘치지도 않게 알맞게 주시기도 하고 가져가시기도 했어. 모두가 우리를 위한 하나님의 사랑이었던 거야. 후회하지 않는 날들을 만들어 가도록 노력하자. 기도하자.

기도해요

야곱에게 복을 주시고 그 자녀들을 이스라엘의 12지파로서 하나님의 나라 백성들을 이끌어 갈 지도자로 세우신 것은 정말 훌륭하신 일인 것 같아요.

우리는 생각지도 못한 일을 하나님은 어쩌면 그렇게 앞뒤를 맞춘 것처럼 해 내시는지 박수를 쳐 드리고 싶어요. 하나님이 선하시고 의리가 있으신 분이라서 행복해요.

돈은 많은데 마음이 곱지 못해 사람들을 괴롭게 하는 부자들... 마음은 천사 같은데 가진 것이 없어서 이웃을 돕지 못해 안타까운 사람들... 세상은 이렇게 공평하지 않아요. 하나님은 공평하시니까 우리가 믿고 기도할 때 누구라도 공평하게 기회를 주실 거예요.

야곱에게 또 그 아들인 요셉에게 행하신 일들을 보면서 우리의 앞날도 하나님께서 인도해 주시리라는 믿음이 생겼어요. 믿음은 약한 마음들을 강하게 일으켜 세워주고 힘들겠다고 생각한 일에 도전할 용기를 주네요.

믿음이 큰 사람으로 자라도록 부모님과 선생님들에게 지혜와 사랑과 믿음을 많이 주세요. 교회 목사님들과 성도님들에게도요. 그래서 우리를 말씀으로 잘 가르치실 수 있게 해 주세요. 예수님 이름으로 기도 드립니다. 아멘

요셉이 형들을 위로하다, 그리고 요셉이 죽다

성경읽기 : 창세기 50장 1절 ~ 26절

성경 이야기

아버지인 야곱의 죽음은 단지 슬픔으로만 끝날 일이 아니었단다. 아버지가 돌아가시자 형들은 불안하기 시작했어. 자기들이 잘못한 일이 있었기 때문에 겁을 먹은 거야. 요셉은 총리가 되었기 때문에 맘먹은 일은 무엇이든지 다 할 수 있는 힘이 있잖아. 형들에게 복수를 할 수도 있고 용서해 주고 행복하게 살 수도 있지. 요셉의 마음에 달려 있으니까 형들이 무서웠던 거야. 그러나 요셉은 형들에게 복수하거나 괴롭게 하는 일을 하지 않았단다.

힘이 있다고 약한 사람을 괴롭게 하는 것은 하나님이 기뻐하실 일이 아니지. 오히려 요셉은 하나님이 하신 일이니 염려 말라고 안심시켜 주었단다. 형들을 돌보아 줄 것이며 형들의 자녀들도 보살펴 주겠다고 약속하였어.

진짜 멋있지 않니?

아름다운 일이야.

형들의 마음보다 요셉의 마음이 더 흐뭇했을 거야. 왜냐? 주는 사람, 베푸는 사람, 용서하는 사람의 마음이 훨씬 편하니까...

요셉은 110세에 죽었어. 요셉은 하나님의 사람으로 살다가 잠시 잠을 자게 된 거란다.

우리가 베풀고 용서하는 복을 받을 수 있다면 정말 좋겠지?

요셉처럼 용서 해 줄 수 있는 사람이 되어보자.

그리고 많은 사람들을 위해 희생하는 마음을 주신 하나님께 감사하자. 우리의 기도를 하나님이 들어 주실거야. 기도하자.

기도해요

하나님!!! 감사합니다. 고맙습니다. 사랑합니다. 감사합니다. 고맙습니다. 사랑합니다.

우리는 너무 행복해요.

성경을 통해 하나님을 배우고 우리가 어떻게 살아야 하는지를 알게 해 주셔서 감사합니다.

하나님은 정말 훌륭하신 선생님이세요.

능력이 많으신 든든한 선생님이시죠.

창세기가 이렇게 재미있고 신나는 책인지 몰랐어요. 아브라함, 이삭, 야곱의 하나님은 나의 하나님이세요.

우리를 하나님의 일꾼으로 사용해 주시고 하나님을 보여주고 믿게 하는 일에 앞장서게 도와 주세요. 무엇보다도 하나님은 정직하시고 의리 있으신 분이라는 걸 잊지 않고 우리 모두 하나님의

마음을 갖고 살도록 힘을 주세요. 신나게 하루하루를 감사로, 기
대하는 마음으로 살겠습니다. 하나님께 찬송 드리니 받으시고 기
뻐해 주세요. 예수님의 이름으로 기도합니다. 아멘